비욘드
타로 텔링
Beyond
Tarot Telling

비욘드 타로 텔링

초판인쇄	2020년 03월 02일
초판발행	2020년 03월 07일
지은이	윤성진
발행인	조현수
펴낸곳	도서출판 프로방스
마케팅	이동호
IT 마케팅	신성웅
디자인 디렉터	오종국 Design CREO
ADD	경기도 고양시 일산동구 백석2동 1301-2
	넥스빌오피스텔 704호
전화	031-925-5366~7
팩스	031-925-5368
이메일	provence70@naver.com
등록번호	제2016-000126호
등록	2016년 06월 23일
ISBN	979-11-6480-039-1-03180

정가 20,000원

파본은 구입처나 본사에서 교환해드립니다.

비욘드
타로 텔링
Beyond
Tarot Telling

윤성진 지음

프로방스

"나는 오컬트를 신뢰하지 않는다"

달달한 분위기를 풍기는 한 커플이 궁합을 보기 위해 천막 안으로 들어온다. 자연스럽게 가벼운 인사를 나눈 후 그들에게 몇 장씩 카드를 뽑도록 안내한다. 선택된 카드들을 배열한 뒤 이윽고 나의 첫 마디,

"어.. 그냥 제가 돌직구를 던질게요. 남자 분한테 여자가 한명 더 있네요?"

여자는 살짝 상기된 표정으로 대답한다.

"알아요..."

알고 보니 이 남자는 다른 여자 친구가 있는 상태, 그리고 함께 온 이 여자는 이 남자의 세컨드.

이외에도 그간 수 없이 타로를 보면서 이런 말을 건넨 기억도 있다.
"어.. 이건 이미 죽은 사람인데요?" 라거나,
"이미 한번 다녀오셨네요?(이혼)"
"이민이라도 가세요?" 같은 말들이다.

위의 모든 사례들은 내 리딩의 '첫 마디' 였다.

이같이 강렬한 첫 마디는 상대의 관심을 순식간에 타로와 나에게
몰입되도록 만든다.

또한 이후의 리딩 과정에 있어 상대의 마음에 강한 인상을 남기는
것 역시 훨씬 쉬워진다.

초전박살. 상대로부터 아무 정보가 없었던 상황에서 첫 마디로 상
대의 민감한 부분을 맞혔기 때문이다.

타로는 언젠가부터 맞히는 게임으로 변질되었다. 그렇다면 나는
처음 보는 이 남자가 양다리라는 것을, 생전 처음 만난 아주머니가

묻고 있는 사람이 이승에 존재하지 않는다는 것을, 가볍게 연애 운을 보러 온 청년이 곧 해외로 떠날 것이라는 사실을 과연 어떻게 정확히 리딩 할 수 있었을까?

타로를 보기 위해 많은 이들이 나를 찾아온다. 그들은 마치 무당에게 기대하는 것과 같은 영적인 것을 나에게 기대한다. 또한 나는 신내림을 받았는지, 언제부터 그런 끼가 있었는지 하는 질문도 많이 받는데, 이는 아마도 대중이 이해하기에 점복 행위란 어떤 신비한 능력, 이른바 영적인 기운으로서만 가능하기 때문일 것이다.

그렇다면 나는 정말 그들의 말처럼 영적인 기운을 통해 맞힌 것일까?

나조차도 모르는 사이 나는 이른바 신들리듯 영적 존재의 가호를 받고 있는 것일까?

이 글을 읽고 있는 당신에게 좋은 소식일지 나쁜 소식일지 모르겠지만 나는 오컬트를 신뢰하지 않는다. 설령 오컬트의 한 부류인 타로 리딩을 하고 있는 순간조차도.

　타로, 나아가 점술은 어떻게 맞히는 것일까? 만약 이것이 누구나 배울 수 있는 기술이라면 어떻게 더 잘 할 수 있을까? 이 책은 이 질문으로부터 시작된다.

　거의 모든 타로카드 관련 단체들은 타로를 누구나 할 수 있다고 말하고 가르친다. 그리고 나 역시 이 의견에 동의한다.

　이는 '상대방의 절대 알 수 없을 것 같은 내용을 맞히는 신비한 행위를 누구든지 할 수 있다' 는 의미이다. 조금 더 확장해 보자면 신비주의의 끝판왕이라 할 수 있는 신점도 마찬가지이다. 만약 지금 내가 이야기하는 것처럼 점복행위가 누구든 활용 가능한 기술이라면, 이는 우리 모두가 이미 갖추고 있는 능력을 사용한 결과일 것이다.

　우리는 매일 식사를 한다. 가볍게 한 끼를 때우기도 하고, 값비싼

레스토랑에서 만찬을 즐기기도 한다. 우리는 항상 다양한 음식에 노출돼있다.

어떤 요리는 우리에게 별다른 느낌 없이 비교적 담담하게 다가온다. 아마도 자주 접하는 식단이 그럴 것이다. 늘 마주치는 음식들은 더 이상 우리에게 새로울 것이 없다. 그러나 늘 보던 음식도 상황이 조금 바뀌면 우리에게 색다른 흥분을 유발할 수 있다. 이는 TV에 나오는 유명한 요리사가 화려한 퍼포먼스를 선보이며 완성 시킨 요리를 상상할 수 있겠다. 똑같은 김치볶음밥인데 왠지 더 맛있어 보인다.

요리는 재료를 통해 만든다. 그리고 그 재료들은 매 끼니에 접하게 되는 음식만큼이나 흔하게 접할 수 있다. 단순히 껌 한 통 사러 들어간 집 앞 슈퍼에서도 여러 식재료를 만날 수 있다. 우리는 보통 재료를 보고 흥분하진 않는다. 만약 주꾸미를 보고 흥분한다면 이는 주꾸미 자체가 아닌 갖은 양념과 버무리고 불 맛을 입한 화려하게 완성된 요리에 대한 상상 때문이다. 이처럼 완성된 요리는 재료에 비해 우리에게 비교적 큰 자극을 준다. 그 결과물이 화려할수록 더!

어쩌면 완성된 음식을 봐버린 뒤에는 어떤 재료들이 사용됐는지는 더 이상 궁금하지 않을 수도 있다. 재료와 비교했을 때 완성된 요리는 그만큼 화려하다. 관심을 끌기에 충분하고 바로 즐길 수 있기에 적절하게 느껴진다. 이것저것 알 필요 없이 그저 먹기만 하면 되니 편리하기까지 하다. 그러나 우리가 기억해야 할 것은 결국, 모든 요리는 재료들을 적절히 사용한 값의 결과물이라는 사실이다.

우리는 요리하기 위해서 반드시 재료를 사용해야만 한다. 만약 모 재료가 어떤 맛을 내고 어떤 효능을 갖췄으며 또한 어떤 특징이 있는지 배운다면! 우리는 보다 맛있는 요리를 만들기 위해 그 재료를 더욱 훌륭히 활용할 수 있게 된다.

설령 직접 요리를 하지 않을지라도 내가 먹을 요리에 들어갈 재료의 '스토리'를 아는 것은 음식의 맛을 더욱 풍부하게 즐길 수 있도록 돕는다.

이 책은 여타 타로서적과는 다르게 타로카드의 '키워드'를 가르치지 않는다. 키워드는 인터넷 검색 조금만 해봐도 얼마든지 정보를 얻을 수 있는 내용이다. 전해야 할 다른 알짜배기 정보들이 많은데 굳이 지면을 활용해서 언급할 가치를 느끼지 못한다. 우리의 방향성은 이렇다. 우리는 타로 리딩 자체가 어떻게 가능한 것인지 그 근본을 살펴 볼 것이다. 타로 리딩에 있어 키워드란 마치 슬램덩크의 강백호가 말했듯 '거들 뿐'이다.

소름 돋는 점복, 타로카드 리딩이라는 화려하게 완성된 요리를 만들려 할 때 사용되는 재료가 있다. 그리고 우리는 그 재료를 이미 갖추고 있음을 전제한다. 이제껏 몰랐지만, 우리가 이미 보유하고 있는 이 재료의 원산지는 어디인지, 어떤 특질을 가졌는지, 또 어떤 맛을 내는지에 대한 이해는 당신이 빠르게 타로마스터가 되도록 돕는 훌륭한 길잡이가 되어 줄 것이다.

본문에 앞서 한 마디 덧붙이자면, 모든 신비주의와 관련된 믿음이 잘못됐다거나 그를 비난하는 것이 아님을 밝힌다. 이 책은 관련된 논점에 대해 대다수의 사람들이 공감할 수 있는 유용한 시각을 제시하고자 하며 나아가 신비주의를 옹호하는 이들 또한 새롭고 유용한 관점을 학습하는 좋은 계기로 삼을 수 있기를 원한다.

끝으로 이 책이 당신의 타로능력 향상에 유익한 도움이 되길 바라며, 이 책을 선택한 이유가 비단 타로가 목적이 아니어도 분명 각자의 분야에 새롭고 유익한 출력을 낼 수 있는 기회가 될 것임을 확신한다.

2020년 2월

저자 **윤성진**

Contents | 차례

Chapter_02 메커니즘 __ 57
[2장을 들어가며] • 58

Chapter_04 타로의 실전 __ 191
[4장을 들어가며] • 192

본문에 들어가기 전에 먼저 참고할 사항이 있다.

이 책 전반에 걸쳐 타로 리딩(reading), 텔링(telling), 리더(reader), 텔러(teller)와 같은 단어가 자주 나오는데, 리딩과 텔링은 타로를 읽어주는, 풀어주는 '행위'로 이해하면 되고, 리더와 텔러는 읽어주는, 풀어주는, 즉 타로를 해석하는 '사람'을 의미한다.

Chapter

01

정통타로
파악하기

1장을 들어가면서

∙∙∙∙∙∙∙∙∙∙∙∙∙∙∙∙∙∙∙∙∙∙∙∙∙∙∙∙∙∙∙

이 책은 타로에 대해 이야기한다. 표면적으론 분명 타로에 대한 책이 맞다. 그래서 우리는 타로에 대해 좀 '알' 필요가 있다. 타로를 잘 하기 위해선 무엇을 알아야할까.

이 장은 낯선 이와의 첫 대면과 같다. 아직은 서로 무지하며 어색한 사이이다. 만약 초면인 상대에게 다짜고짜 일방적으로 내 신념에 대한 열변을 토해낸다면? 최소한의 친밀도도 없던 두 사람의 사이는 그보다 더 어색해 질 수 있다. 우리는 아직 서로에 대한 정보가 없다. 상대에 대해 조금씩 알아가는 과정은 관계를 점점 친숙하게 만들어 준다.

우리는 본격적으로 '비욘드 타로'에 대해 이야기하기 전에 전통 혹은 정통이라 불리는 타로에 대해 살펴볼 것이다. 사실 '비욘드 타로'는 기존의 그것과는 너무도 다른 이야기이다. 혹자는 전혀 다른 내용이라 의심할 수도 있다.

비록 우리의 목표가 비욘드 타로에 있을지라도 전통타로에 대해 아는 것은 분명 도움이 된다. 우리의 현재는 역사에 대한 학습을 통해 보다 진보할 수 있다. 때문에 이 장에서는 타로의 전반적인 역사와 핵심정보를 추려 전하는데 집중했다.

전통타로에 대해 설명하는 이 장은, 타로에 대한 지식이 어느 정도 있는 분들에게는 소소한 환기를, 타로 입문자에게는 기존 타로에 대한 첫 대면으로서 그 역할을 할 것이다. 지금부터 새로이 만날 친구를 부디 관심 가득한 호기심의 눈으로 바라봐주길 바란다.

타로의 역사

타로카드는 원래 게임용이었다고?

타로카드는 어떻게 시작됐을까?

타로의 기원설은 굉장히 다양하다. 그리고 안타깝게도 '무엇 하나 뚜렷하고 확실한 건 없다.' 타로의 역사는 사실상 이 한 문장으로 관통할 수 있다.

타로가 어느 나라에서 시작됐는가에 대한 주장은 이집트, 중국, 인도, 유대교, 아프리카, 이탈리아 등 매우 다양하다. 한 가지 주제에 대한 기원설이 워낙 다양하다 보니 현재에 와서 보면 조금 황당하게 느껴지기도 한다. 각 기원설은 그를 뒷받침하는 이유들이 있는데, 그 근거들을 살펴보면 모두 다 '그럴 듯.' 하다.

그 한 예를 살펴보자면 '타로(tarot)'라는 이름의 어원을 꼽을 수 있다. 이집트어로 Tar + Ro(왕의 길), 히브리어로 율법을 의미하는 Tora, 이탈리아 어로 순환, 바퀴를 의미하는 Rota가 각각 타로의 시작이라 주장한다. 이러한 주장들은 이제까지 꽤나 신뢰를 받고 타로의 교범으로서 그 역할을 해 왔지만, 이 중에는 이제 공격을 받고 있는 의견들도 상당하다. 특정 집단의 불순한 의도로 만들어진 끼워 맞추기식이라는 것이다. 사실 무엇이 진짜 시작인지는 아무도 알 수 없으며, 타로 기원에 대한 혼잡한 현실은 이제는 그 중요성에 대해 회의적이도록 만든다.

　최초로 타로카드가 등장한 시기는 대체적으로 14세기라 추측하고 있다.(13세기라는 증거와 주장 또한 존재한다) 또한 유럽에 타로카드가 등장한 시점을 살펴볼 때 타로카드는 여타 플레잉 카드가 도입된 시점과 기록상 차이가 없다. 여기서 말하는 플레잉 카드란 중요한 개념으로 타로의 역사를 이해하는데 핵심적인 가치를 갖는다. 플레잉 카드는 이름이 가진 의미 그대로 '놀이용 카드' 인데, 현재에 와서는 우리가 흔히 볼 수 있는 '트럼프' 카드를 떠올리면 된다. 우리나라와 일본에선 트럼프라는 이름으로 불리고 있지만, 사실 트럼프란 다른 뜻(으뜸패)이 있고 그 실제 명칭은 플레잉 카드가 적합하다.

　초기 플레잉 카드의 모양은 마치 현재의 타로카드처럼 화가들이 그림을 그려 넣은 형태가 많았다. 초기 모양과는 다르게 현재에 와서는 그림이 굉장히 단순해 졌는데, 지금의 심플한 디자인은 15세기 프랑스 카드 수출업자들의 영향을 받았다고 알려져 있다.

한편, 플레잉 카드는 당시 종교로부터 탄압을 받게 되는데, 종교단체는 탄압의 이유로 카드 속 그림을 이단의 상징으로 결부 시켰다. 플레잉 카드는 종교단체로부터 지속적으로 다양한 음모론과 함께 억압과 탄압의 대상이 된다. 때문에 플레잉 카드는 이러한 억압과 단속으로부터 피하기 위해 그 모습을 화려한 그림에서 단순한 형태로 대체시키게 된 것이다.

또한 흥미롭게도 플레잉 카드 역시 타로카드처럼 점복도구 (cartomancy)로서 활용됐고, 아직까지도 플레잉 카드(트럼프)를 점복도구로 활용한 점술이 행해지고 있다.

The fool카드와 Joker카드

놀랍게도 타로카드의 그 첫 시작은 플레잉 카드였다. 타로는 당시 다양한 종류의 플레잉 카드 중 하나였다. 아이러니 하게도 현재 사용되는 단순화 된 플레잉 카드(트럼프)의 모습은 오히려 타로카드의 영향을 많이 받았음을 알 수 있다. 상인, 귀족,

성직자, 농민을 상징하는 네 원소 '동전, 검, 성배, 몽둥이'가 '다이아, 스페이드, 하트, 클럽'으로 변했으며, 슈트 카드 역시 비슷한 형태를 띠고 있고, 플레잉 카드는 19세기 이후 조커 카드가 생겨났는데 이는 타로카드의 0번 '풀Fool' 카드를 옮겨 놓은 것이다.

타로와 플레잉 카드의 Ace

14세기부터 17세기까지 타로카드는 오직 플레잉 카드로서만 사용됐다. 그러던 중, 놀이용 타로카드가 점복도구로 활용되기 시작한 것은 18세기부터이다. 18세기 유럽의 오컬티스트들이 타로카드에 온갖 신비한 의미들을 부여하며 점복도구로의 활용을 부추기게 된다. 당시 영미권에서는 타로카드에 대한 용도가 정착되지 않았었는데, 이렇게 신비한 이미지로 굳어진 타로카드가 퍼져나가며 지금까지 전해져 오게 된다.

처음 듣는 이들에겐 아이러니할법한 내용이다. 플레잉 카드도, 타로카드도 모두 그 시작은 단순한 놀이용 카드였다는 것. 그리고 종교로부터 억압을 받았고, 또한 종교계의 어긋난 기대에 부응하기라도 하듯 실제 점술도구로서 활용되고 있으니 말이다.

타로카드가 당시 종교로부터 탄압의 대상이 된 제일 큰 이유는 카드에 그려진 그림으로 추측하고 있다. 그림은 글과는 다르게 그 직접적인 의미를 파악할 수 없다는 특징이 있다. 때문에 무언의 그림은 수많은 의미를 내포할 수 있는데, 그림 속 상징을 통해 느끼게 되는 영감을 당시 종교의 입장에서는 또 다른 '가르침' 으로 취급 했을 가능성이 크다. 신의 권능을 입은 가장 막강한 기득권 세력이었던 그들은 자신들의 이득과 방향이 다른 모든 것을 배척하는 전략을 택했다. 자신들의 가르침이 아닌 다른 가르침의 가능성은 모두 '이단' 으로 분류하는 방법이다. 또한 이 시기는 마녀사냥이 성행하던 시기와도 일치한다.

앞서 밝혔듯 플레잉 카드로서 쓰임 받던 타로카드에 점복도구로서 에너지를 불어넣은 이는 당시의 오컬티스트들이다. 일례로, 18세기 말 프리메이슨의 회원이자 개신교 목사인 '앙투안 드 게블랭' 이 자신의 책을 통해 고대 이집트 신화가 타로카드의 기원이라 주장한다. 동시에 타로카드에 신비한 의미들을 부여하게 되는데, 이 영향을 받아 당시 유명한 점술가들이 타로카드를 점복도구로서 채택했을 뿐만 아니라 당시 심리학계에서도 타로카드를 상담에 활용하려는 움직임이 있었다.

앞서 언급한 타로에 대한 수많은 기원설이 제기된 때도 이때이다. 일단 뚜껑이 열리자 마치 봇물이 터지듯 수많은 신비주의적 의미들을 너도나도 타로카드에 주입하기 시작했다. 단순한 플레잉 카드로서의 타로가 신비한 점술도구로 재탄생하는 순간이다.

타로카드는 현재 플레잉 카드가 아닌 점복도구로서 이미지를 굳혔으며 그 종류도 굉장히 다양해졌다. 타로 덱(deck)은 그 종류만 1000종이 넘을 것으로 추측된다. 정통이라 불리는 마르세유, 유니버설부터 세세하게는 몽환적이고 아름다운 그림으로 꾸며진 감상용 타로, 오라클 등 그 종류가 방대하다. 개중에는 기존 타로의 구성을 무시한 덱들도 존재하는데, 덱을 구성하는 카드의 숫자가 다르다거나 전혀 다른 상징의 그림으로 구성된 덱들이 그러하다.

타로 덱은 일반적으로 웨이트계열의 타로덱이 가장 보편화 됐으며 그중에서도 유니버설 웨이트가 가장 널리 사용되는 편이다. 그래서 대부분의 타로 서적 또한 유니버설 웨이트를 기준으로 다루게 된다. 때문에 타로 초심자들은 첫 덱을 주로 유니버설 웨이트 덱으로 추천받는다.

타로에 관심이 있다면 한번쯤 들어봤을 오쇼젠, 올드잉글리쉬, 카사노바, 데카메론 등이 모두 웨이트계열의 타로덱이다. 같은 웨이트계열의 타로덱은 그 베이스가 같기 때문에, 한 덱을 마스터하게 되면 다른 덱을 쉽사리 배워 사용할 수 있다는 이점이 있다.

이렇게 유명한 덱 외에도 마니아틱한 타로카드가 굉장히 많으며, 많은 크리에이터들이 그림을 그려 넣은 새로운 덱이 계속해서 만들어지고 있다.

타로의 덱도 다양해졌지만, 그 리딩에도 다양한 관점들이 추가됐다. 수비학이나 점성학을 타로에 접목시켜 리딩하기도 하고, 또는 사주와 타로를 접목시키기도 한다. 이외에도 타로 리딩법은 덱과 같이 꾸준히 다양화되고 있다. 이처럼 타로에는 첨가할 수 있는 요소가 많다보니, 수많은 단체와 개인이 각자 채택한 기호를 통해 타로 리더와 강사로서 활동하고 있다.

타로의 구성

타로카드에 규칙이 있어?

타로카드를 구입하기 가장 쉽고 빠른 방법은 온라인 쇼핑이다. 타로카드를 판매하는 오프라인 매장은 흔치 않다. 당연한 이야기지만 타로카드의 제조과정에 따로 주술적인 단계는 존재하지 않는다. 공장에서 만들어진, 종이에 그림을 인쇄한 뒤 가공을 거친 타로카드를 우리는 클릭 한 번으로 손쉽게 구할 수 있다.

타로 리딩을 위해서는 카드 한 벌(deck)만 구입해도 리딩을 해내기에 전혀 문제없지만, 추가적으로 판매하는 스프레드 천을 함께 구입하면 약간의 편리함과 분위기에 도움을 얻을 수 있다. 나중에 더 자세히 알게 되겠지만 타로에서 분위기란 그 단어의 순수한 뜻 이상의 의미를 갖는다.

타로는 어떻게 구성돼 있는지 간략히 살펴보자. 현재 우리가 주로 쓰는 타로카드는 메이저 아르카나 22장과 마이너 아르카나 56장, 총 78장으로 구성되어있다. 여기서 '아르카나' 란 흐름이라는 뜻으로, 메이저 아르카나는 '큰 흐름' 마이너 아르카나는 '작은 흐름' 을 의미한다.

메이저 카드는 1번이 시작이 아닌 0번 'the fool' 부터 시작하며 21번 'the world' 까지 구성되어있다. 여행의 시작인 'the fool' 로부터 완성인 'the world' 를 향해 나아간다.

메이저 카드는 마이너 카드보다 비교적 많은 키워드와 속성이 부여돼있다. 때문에 더 많은 스토리와 엮을 수 있으며, 메이저라는 이름이 가진 뜻대로 마이너 카드보다는 일반적으로 '더 큰' 의미를 지닌다.

마이너 카드는 검(sword), 동전(pentacle), 성배(cup), 몽둥이(wand)의 네 가지 속성의 원소를 나눠가진다. 각 원소 당 2부터 10까지의 카드와 1(ace), 그리고 각 원소의 소년(page), 기사(knight), 여왕(queen), 왕(king)으로 이루어진 코트카드(court)로 구성된다.

타로를 리딩 할 수 있는 형태는 매우 방대하다. 반드시 정해진 룰이 없으며 개인이 창조해 내도 무방하다. 일례로 주어진 카드78장을 전부 사용하지 않고 오로지 메이저 카드만을 사용해 리딩을 하는 경

코트카드(페이지 오브 소드, 나이트 오브 펜타클, 퀸 오브 컵, 킹 오브 완즈)

우도 존재하는데, 78장으로 리딩 하든지, 메이저 카드 22장만으로 리딩 하든지 보편적으로 모두 문제없다고 말한다. 다만 구성된 카드를 전부 사용하는 것이 더욱 디테일하고 정확하다고 평가한다.

　일반적으로 타로를 리딩 할 때는 '틀'의 도움을 받는다. 여기서 말하는 틀이란 배열법(스프레드,spread)으로, 선택된 카드를 어떻게 배치하는가에 대한 내용이다. 스프레드는 개인이 만들어서 사용하는 경우도 있으나 통상 이미 널리 쓰이고 있는 스프레드를 사용하는 편이다. 이는 한 장을 뽑아 해석하는 원 카드 스프레드부터, 열 장의 카드를 뽑는 캘틱 크로스 스프레드 등 굉장히 다양한데, 각 스프레드는 카드를 정해진 위치와 순서를 통해 배치하며 그렇게 배치된 각 자리는 고유한 속성을 지닌다. 리딩이란 이렇게 자리에 부여된 의미와 카드의 키워드가 합쳐져 해석을 하는 것이 일반적이다. 때문에 자격증을 발급하는 타로 단체의 경우 카드의 키워드 뿐 아니라, 스프레드에 배치된 의미의 해석을 평가항목으로 두기도 한다. 스프레드의 이해를 돕기 위해 널리 사용되는 스프레드의 종류를 몇 가지 살펴보도록 하자.

원 카드 스프레드

한 장의 타로카드를 뽑아 해석하는 '원 카드 스프레드'는 크게 두 가지 상황에서 사용된다. 하나는 yes or no의 대답이 나올 수 있는 단답식 질문의 답변으로 사용한다. 다른 하나는 대부분의 질문에 대응해 단 한 장의 카드로 모두 해석하는 방식이다. 다만 한 장의 카드로 많은 이야기를 엮는 데는 어려움이 있다 보니 원 카드 스프레드는 보통 '호불호(good or bad)'의 성격을 띠게 된다. 다시 말해 타로의 키워드를 통해 좋은지 나쁜지 그 결과에 주목해 점복을 진행한다는 의미이다. 때문에 다양한 스토리 보다는 '좋다, 나쁘다(yes or no)' 중심의 단순한 리딩으로 흘러갈 확률이 높다.

투 카드 스프레드

카드 한 장 늘어났을 뿐인데 투 카드 리딩은 원 카드 리딩에 비해 훨씬 다양한 의미를 부여할 수 있다. 각 카드를 1.과정-2.결과, 1.긍정적 요소-2.부정적 요소, 1.결과-2.중요 요소, 1.현재-2.미래 등 굉장히 다방면으로 바라보는 것이 가능하다.

뒤집어진 카드를 오픈하기 전 미리 배치될 자리의 의미를 마음속으로 정해둔 뒤 오픈 하는 것이 일반적이다.

쓰리 카드 스프레드

쓰리 카드 스프레드 또한 다양한 의미의 조합으로 활용할 수 있다. 아무래도 그렇지 않겠는가, 투 카드보다 하나 더 늘어났으니 말이다. 제일 많이 사용하는 틀은 1.과거 2.현재 3.미래 로 사용되며, 대부분의 카드 리딩은 뽑는 순서대로 왼쪽부터 배치하고 해석도 그 순서대로 진행한다.

3카드 스프레드

매직 세븐 스프레드

카드 숫자가 7장으로 늘어났다. 거의 모든 질문에 대응 가능하며 가장 널리 사용되는 스프레드 중 하나이다. 모든 스프레드가 그러하듯 매직 세븐 또한 모든 타로 텔러들이 같은 순서와 의미로 사용하지는 않는다. 스프레드는 긴 시간 입에서 입으로 전해지는 과정에서 그 순서와 의미가 조금씩 왜곡 돼 왔으며 이제는 각 개인이 새로운 의미를 더해 재정립하기도 한다. 때문에 최초 스프레드의 원형은 알 수 없지만 그럼에도 불구하고 이곳에서는 가장 널리 사용되는 순서와 의미를 공개한다. 1.과거 2.현재 3.미래 4.핵심요소 5.영향을 끼치는 요소 6.문제점 7.결과

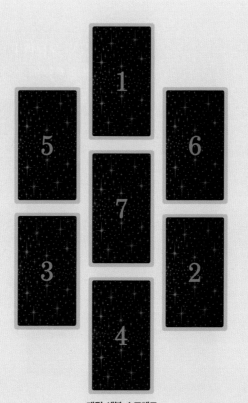

매직 세븐 스프레드

켈틱 크로스 스프레드

카드의 개수가 많아졌다. 무려 10장이다. 이렇게 카드를 많이 뽑으면
해석이 디테일하고 더 많은 이야기를 엮을 수 있다는 장점이 있다. 단
초심자는 이렇게 많은 카드가 부담스러울 수 있다. 때문에 적은 카드
수의 스프레드부터 차근차근 늘려가며 연습하도록 하자. 켈틱 크로스

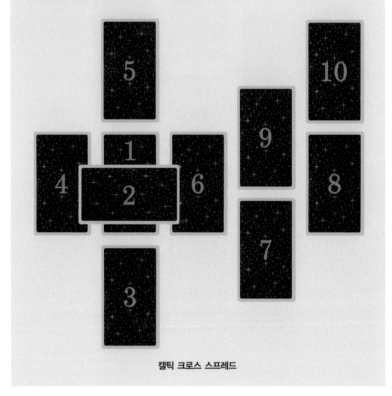

스프레드의 가장 많이 사용되는 순서와 의미는 이러하다. 1.현재 2.문제점 3.숨겨진 것 4.과거 5.드러난 것 6.미래 7.나의 생각 8.주변의 생각 9.희망, 두려움의 요소 10.결과

캘틱 크로스 스프레드

타로 리딩에 활용되는 또 다른 틀이 하나 있다. 바로 '역방향'이다. 역방향은 18세기 점술가 '장 밥티스트 알리에트'가 만든 개념으로, 카드를 셔플(카드를 섞는 행위)한 후 오픈한 카드의 방향이 반대일

경우 그대로 의미가 있을 것이라 판단하고 해석하는 방식이다. 역방향의 해석은 단순히 정방향 의미의 '반대'가 아니다. 카드의 위 아래가 거꾸로 뒤집혀 나왔을 때 역방향을 적용하는데 그 의미는 원래 카드 뜻의 반대, 강화, 약화 혹은 아예 다른 의미를 가지기도 한다. 이같이 역방향 해석을 통해 얻을 수 있는 효과는 총 78장인 카드의 의미가 두 배인 156가지의 의미로 늘어난다는 점이다. 이를 통해 더 디테일한 리딩이 가능해 진다.

Temperance(정방향)와 The magician(역방향)

역방향 해석은 반드시 해야만 하는 건 아니다. 굳이 이 개념에 대한 공부 없이 정방향만으로 리딩을 하는 경우도 많다. 역방향 없이 정방향만으로 리딩한다고 해서 틀렸다거나 정통이 아닌 것은 아니다.

지금까지 많이 알려진 타로의 역사와 구성에 대해 대략적으로 살펴보았다. 어쩌면 당신은 지금쯤 타로카드를 구성하고 있는 규칙들이 꽹상히 모호하다는 걸 눈치 챘을지도 모른다. 살펴본 바와 같이 타로카드는 그 역사에 허술한 점이 상당하고, 대중들이 타로카드에 대해 인식하고 있는 신비한 힘의 이면에는 언제나 사람의 개입이 존재해왔다.

정통타로의 원리

호랑이도 제 말하면 온다고?

성공적인 타로 리딩은 클라이언트에게 꽤나 재미있는 경험을 선사한다. 왜냐하면 성공적인 리딩이었다고 느끼게 하기 위해서는 상대방의 개인적이고 민감한 부분들을 맞혀야하기 때문이다. 처음 만난 사람이 '자신'에 대해 자신도 모르는 많은 이야기를 해주고, 더군다나 그 이야기들이 설사 본인이 알고 있더라도 결코 낯선 이는 모를 수밖에 없는 개인적인 내용들일 때 우리는 너무나도 신기할 수밖에 없다. 이럴 때 우리 머릿속은 다음과 같은 의문으로 가득 찬다. '어떻게 알았지?'

타로텔러의 미래 예측(예언)이 힘을 갖게 되는 이유 또한 여기에 있다. 신기한 경험을 할수록, 다시 말해 자신에 대해 잘 맞히면 잘 맞힐수록 미래를 예언하는 리더의 말에는 힘이 생긴다. 나아가 오히려 타로리더의 예언에 자신의 미래를 맞춰가는 경우가 발생하기도 한다. 예컨대 당신이 사랑하는 당신의 애인과 3개월 뒤에도 여전히 행복할지 아니면 원수가 돼 있을지! 미래에 있을 그 결과에 대해 타로리더가 영향을 끼칠 수 있음을 의미한다.

한번 생각해보자. 당신이 애인과의 궁합을 보기 위해 홀로 타로를 보러 간다. 카드를 뽑은 뒤 이윽고 당신은 10가지의 리딩을 듣게 된다. 그런데 정말 놀랍게도 그 중 단 한 가지도 맞히지 못했다. 덧붙여 타로리더는 당당히 이야기한다. "잘 알겠죠? 그래서 당신은 곧 헤어질 거예요." 당신은 어떤 표정을 짓고 있겠는가? 안 봐도 비디오다. 나도 본 적이 있기 때문에 안다.

이번엔 다른 경우이다. 마찬가지로 당신은 애인과의 궁합을 보기 위해 타로리더를 찾아왔다. 카드를 뽑고, 리더는 동일하게 10가지의 리딩을 해준다. 그런데 정말 놀랍게도 그가 던지는 말이 전부 가슴에 날아와 꽂힌다. 모든 리딩이 당신의 상황에 정확히 맞으며 단 하나도 허튼 소리가 없다. 심지어 당신의 오른쪽 엄지발가락 밑에 있는 점까지도 맞혔다! 타로리더는 이어 말한다. "두 분의 관계가 지금은 정말 좋아 보이지만, 지금까지 말씀 드린 이유로 인해 3개월 안에 헤어지게 될 것 같습니다." 어떤 생각이 드는가? 혹자는 벌써부터 다가오는 이별의 고통을 실감할 수도 있다.

노파심에 하는 말이지만 지금 한 이야기는 타로 리딩 장면에서 생성되는 힘에 대한 이해를 돕는 예이지, 타로리더가 이별을 의도로 리딩 한다는 것은 아니다. 일반적으로 타로리더는 타로를 해석해준다. 오해 없길 바란다.

타로리더로서 기본을 갖추려면 일단 잘 맞혀야 한다. 타로는 맞히는 게임으로 변질 된지 오래됐다. 때문에 타로카드라는 이름 자체만으로 맹신하는 사람들은 이제 많지 않다. 기대감을 갖지만, 동시에 의심도 함께 품는다. 사회가 발전함에 따라 사람들의 비판적 사고 또한 함께 발달했기 때문이다.

다시 이 생각으로 돌아가 보자. '어떻게 알았지?'

이 질문은 사실 이 책의 커다란 주제 중 하나이다. 타로의 원리이자 작동 기전에 대한 물음이다. 우리는 다음 챕터를 통해 비욘드 타로, 아니 모든 타로 나아가 모든 점술의 작동 기전을 살펴볼 것이다. 그에 앞서 여기서는 현재 타로시장에서는 타로의 원리를 어떻게 설명하는지에 대해 간략히 짚고 넘어가려 한다.

그들은 타로의 원리를 어떻게 설명하고 있을까?

기존 단체나 서적에서 타로의 원리를 설명하는 근거는 아카식 레코드, 카발라 같은 대놓고 비과학의 영역에서 양자역학, 평행우주까지 다양하다. 마치 간절히 바라면 우주가 나서서 도와줄 것만 같은 근거들이다. 여하튼 너무 터무니없는 이론들을 차치하고 나면 타로

업계에서 진리로써 대우받고 있는 이론이 하나 남는다. 이는 타로 업계에 종사하는 대부분의 관계자들이 가르치고 주장하는 원리이 다. 이 이론은 바로 심리학의 3대 거장 중 한명인 카를 구스타프 융 (carl gustav jung)의 '동시성 이론' 이다.

개인적으로도 굉장히 좋아하는 심 리학자인 카를 융은 정신의학자로서 활동을 이어나가던 중 아주 늦은 나 이에 이 난해하고도 복잡한 이론을 논문으로 내놓게 된다. 〈동시성 : 비 인과적인 연결원리〉

Synchronizität Als ein Prinzip Akausaler Zusammenhänge(Zürich, 1952)

카를 구스타프 융(Carl Gustav Jung)

현재까지도 심리학의 거장 중 한명 으로 추앙 받고 있는 그가 심사숙고 끝에 발표한 이 이론은 지금에 와서 어찌된 일인지 타로카드의 원리를 설명하는데 사용되고 있다. 동시성의 원리에 대해 자세하게 정리된 해당 논문에서 융은 동시성 이론에 대한 많은 정의와 예시, 그리고 '분명한 뜻' 을 내비친다.

칼 융이 이야기하는 동시성 현상은 세 가지 유형으로 구분된다. 첫째는 관찰자의 의식과 외부의 사건이 동시적으로 일어나는 경우, 두 번째는 관찰자의 의식과 관찰자가 지각하지 못하는 외부의 사건이 동시적으로 일어나는 경우, 마지막 세 번째는 관찰자의 의식과 미래의 사건이 일치할 경우이다.

많은 사람들이 동시성 이론을 설명할 때 빈번히 활용되는 예시가 있다. 바로 '호랑이도 제 말 하면 온다.' 라는 속담인데, 여기서 호랑이 이야기를 하고 있는 상황을 '의식' 으로, 실제로 호랑이가 나타난 것을 '사건이 동시적으로 일어나는 경우' 로 바라보면 위의 세 가지 유형을 이해하는데 도움이 될 수 있다. 수많은 타로 전문가들이 이를 타로의 원리로 설명하고 대중은 이를 받아들인다. 첫 번째 유형으로 비춰보면 동시간상에서 텔러와 클라이언트가 함께 의사소통하며 카드를 뽑는 행위에서 동시성이 일어난다는 의미로 보이고, 세 번째 유형으로 보자면 지금 뽑은 카드와 나누는 이야기가 미래의 사건으로 나타난다는 의미로 추측된다.

동시성 이론이 타로의 원리라 주장하는 다수의 의견을 잘 대변해 주고 싶지만, 정말 미안하게도 나는 그들이 무슨 말을 하는지 당황스럽기만 하다. 내가 부족해서 일지는 모르겠지만, 타로가 작동하는 원리와 동시성 이론의 합치점을 도저히 찾아 낼 수 없다. 눈 씻고 다시 봐도 둘은 전혀 다르고 연결이 불가능해 보인다. 나는 이런 생각이 들 수밖에 없다. '그들은 도대체 무엇을 가르치고 무엇을 이해한 것인가...' 이런 생각의 근거는 다음과 같다.

칼 융은 이론 발표를 통해 동시성이라는, 인과율의 법칙을 넘어서는 또 다른 법칙이 존재할 수 있음을 시사했을 뿐이지, 동시성 현상을 사람이 일으킬 수 있다고 말한 것이 아니다.

그는 논문을 통해 동시적 사건이란 일상에서 쉽사리 접할 수 있는 사건이 아님을 분명히 한다. 동시성이란 결코 통계적으로 입증되고 규칙적으로 재생가능하지 않음을 언급하기도 했다. 그가 말하는 동시적 현상이란, 오직 이미 일어났던 것을 통해 발견할 수 있다는 것이다. 과거의 경험 속에서 말이다. 좀 더 쉽게 풀어볼까? '호랑이도 제 말하면 온다.' 는 속담과 비슷한 사건들을 우리는 이미 많이 경험해 봤다. 친구들과 다른 친구 뒷담을 나누던 중 그 친구가 등장한다든가, 치킨이 먹고 싶다고 생각하면서 TV를 틀었는데 딱 치킨광고가 나온다든가 하는 상황들 말이다. 우리는 각자 삶의 경험 속에서 그러한 동시적 현상들이 이미 일어났었음을 발견할 수 있다. 그러나! 이 세상 그 어느 누구도 동시적 현상을 일부러 일으킬 수는 없다. 호랑이 이야기를 하던 중 우연히 호랑이가 나타날 수는 있지만, 그렇다고 해서 원할 때마다 언제든지 호랑이를 불러낼 수 있다는 말이 아니다.

칼 융의 동시성은 '인과율' 을 벗어나는 이야기이다. 나와 관련이 없었고, 없고, 앞으로도 없다는 의미이다. 그 관련 없음 속에서 뜬금 없는 다른 사건과 일치되는 경우가 동시성이다. 타로카드는 어떤가? 타로리더가 카드에 의미를 부여하고 사용한다. 이미 카드는 우리의 인과 속에 있게 된다. 다시 반복하지만, 나는 정말이지 동시성과 타로카드의 연관성을 찾아낼 수가 없다.

혹시 동시성 이론과 타로 원리에 대한 주장에 동의하는 분이 있는 가? 그 설명을 진정 이해할 수 있는가? 만약 그렇다면 책을 여기서 그만 덮어도 무방하겠다. 안타깝게도 나는 그 말이 이해되지도 동의 하지도 않기 때문이다.

마지막으로 여러분에게 또 다른 영감을 줄 수도 있는 '러셀의 찻 주전자' 라는 글을 전하며 이 파트를 마친다. 많은 사람이 주장한다 고 해서 그것이 반드시 진리가 되는 것은 아니다.

만일 내가 지구와 화성 사이에 도자기 찻주전자 하나가 타원 궤도로 태 양 주위를 돌고 있다고 주장하고, 이 찻주전자는 너무나도 작아서 가장 뛰어난 성능의 망원경으로도 볼 수 없다고 덧붙인다면 아무도 내 주장을 반증하지 못할 것이다. 하지만 아무도 내 주장을 반박할 수 없기에, 내가 이를 의심 하는 것은 인간의 이성에 대한 참을 수 없는 억측이라고 주장한다면, 모두들 당연히 내가 헛소리 하는 것이라 여길 것이다. 하지만 만약 이 찻주전자가 존재한다는 것이 고대의 책에도 나오고 일요일마다 신성한 진리로 가르치고 학교에서 아이들에게 주입한다면, 이 존재를 믿기 망설이는 것은 기행의 표식이 되고 이를 의심하는 자들은 현대의 정신과 의사나 옛날의 이단 재판관의 관심 대상이 될 것이다.

04

타로 교육
시동 걸고 일단 엑셀부터 밟으라고?

타로는 학문이라 말한다. 나 역시 이 말에 동의한다. 누구나 배워서 할 수 있다. 그렇다 보니 많은 이들이 곳곳에서 타로를 가르치고 배우고 있다. 타로를 배우기 위해서는 서적을 통해 배우기도 하고, 짧은 형태의 강의, 혹은 몇 달간 진행되는 긴 강의 등 다양한 형태로 가능하다. 타로에 대한 지식을 전해주는 수많은 타로 전문가들은 무엇을 가르치고, 또 어떻게 가르칠까?

혹시 운전면허증을 취득하기 위해 운전면허학원을 다녀 본 적이 있는가?

우리는 어떤 자격증을 취득하기 위해 '독학'으로 훈련하기도 하지만 기술을 알려주는 전문 학원의 도움을 받는 경우가 많다. 운전면허증도 마찬가지이다. 우리는 운전이라는 기술을 습득하기 위해 학원을 찾는다. 면허를 따기 위해 우리는 세 가지의 시험 절차를 밟아야만다. 그 세 가지인 필기시험, 기능시험, 도로주행의 테스트를 모두 통과해야 면허를 발급 받을 수 있다. 운전면허를 취득하기 위한 현장으로 잠시 가보자.

모든 운전면허학원이 그러한지 모르겠지만, 내가 알고 있는 운전면허학원의 교육시스템은 대강 이러하다. 처음 학원을 찾는 이들의 경우 대부분 차량에 대한 경험이 없다. 개인적으로 나의 경우 처음에 충분한 시간을 두고 설명 해줄 것을 기대했다. 그러나 강사는 운전기술 문외한인 초보자를 처음부터 다짜고짜 차량으로 안내한다. "브레이크가 그거예요. 그거랑 클러치를 밟고 열쇠를 돌리면 시동이 걸려요." 굉장히 낯선 운전석에서 이론의 주입과 수행이 동시에 진행된다. 이어 수강생이 운전석에 앉아 직접 차량을 운행하도록 하고, 강사는 조수석에서 수강생에게 바로바로 피드백을 주며 운전기술을 체득 할 수 있도록 돕는다. 수강생이 학원에 오는 날은 예외 없이 직접 차를 몰아보며 연습하는 시간을 갖는다. 두 번째 시험인 기능 시험을 준비하는 기간 동안 조수석에 앉은 강사는 수강생에게 계속해서 운전 '공식'을 알려준다. 예를 들어 어깨선이 흰 선에 일치할 때 핸들을 끝까지 돌리라는 식이다. 몇 번의 실수도 있을 수 있다. 수강생은 자신의 생각에 왠지 그러면 실패할 것 같아 어깨선이 닿기 전에 핸들을 돌리면 어김없이 선을 침범했다는 경고음이 들려온다. 실수한 수강생에게 강사는 다시 한 번 공식을 주입 해준다. 수강생은 여러 번 실수를 반복하며, 공식의 이치를 온 몸으로 깨닫기 시작한다. 아직 자동차와 친하지 못한 수강생은 강사의 공식을 시험 삼아 천천히 자동차에 대한 감을 잡아간다. 일주일쯤 시간이 지나자 첫날 시동을 걸며 긴장으로 떨리던 다리를 억누른 것이 언제였냐는 듯, 이제는 액셀을 더 힘 있게 밟아 보고 싶은 충동이 올라온다. 수강생은 그렇게 서서히 자동차와 친해지게 되고, 기능시험을 합격하게 되면 다음은 도로주행이라는 새로운 과제로 나아간다. 그렇게 수강생은 운전을 할 수 있게 된다.

운전면허를 따기 위한 우리의 첫 번째 과제는 필기시험이다. 필기를 통과해야만 다음 시험을 볼 수 있는 자격이 생긴다. 어느 운전면허학원들은 '100%합격보장' 이라는 문구로 운전면허 취득을 원하는 사람들을 유혹한다. 이들은 면허를 가장 빠르고 효율적으로 취득하도록 돕는 전문가들이다. 면허증 취득을 위해서는 기능뿐만 아니라 필기시험 또한 통과해야하기 때문에 100%합격에 대한 약속을 지키기 위해서는 학원에서도 당연히 그를 위한 교육을 실시해야 할 것이다. 그런데 그들의 교육방식이 좀 의외다. 격하게 표현하자면 문제집 한 권 던져주고 알아서 공부하라고 한다. 좀 황당할 수도 있다. 그런데 여기서 또 하나의 의외성을 발견한다. 딱 그 정도로도 대부분의 사람들이 필기시험을 통과한다. 사실 운전면허 필기시험 합격을 위한 이론은 딱 그 정도면 충분하다.

다시 타로 이야기로 돌아가서, 일반적인 여타 타로강의는 어떻게 진행될까? 그 디테일함에는 차이가 있겠지만, 대부분 비슷한 과정으로 강의가 진행된다. 먼저 타로에 대한 간단한 역사와 구성, 간간히 팁들과 신비로움에 대한 것, 그 외 대부분의 시간은 키워드에 대한 교육으로 구성된다. 대부분의 타로강의는 8할 이상이 타로카드 키워드에 대한 것으로 그 시간을 소비한다. 타로 서적 또한 마찬가지이다. 대부분의 타로 서적도 이와 별반 다르지 않게 구성돼있다. 78장의 타로카드에 대한 키워드, 나아가 그 카드를 리딩 하는 방법에 있어 개인적인 노하우들로 강의를 채우는 것이 보편적이다. 여기서 문제가 발생한다. 그러한 강의를 들은 수강생들은 뭔가 열심히 '공부' 했다는 뿌듯함에 사로잡힌다. 새로운 것을 배우고 알게 됐다는 순수한 기쁨도 함께한다. 강의가 끝나고, 수강생은 기분 좋은 발걸음으로 집으로 향할 수 있다. 그러나 얼마 지나지 않아 깨닫는다. 자신은 타로를 볼 수 가 없다는 사실을. 왜냐하면 볼 줄 모르기 때문이다. 강의를 통해 배운 타로를 처음으로 연습하기 위해 연습상대를 앞에 앉혀놓은 수강생은, 오픈된 카드를 보고 이내 할 말을 잃는다. 머릿속에서는 배웠던 카드의 키워드들이 돌아다니지만, 입 밖으로 말이 나오지 않는다. 뭘 어떻게 설명해야할지 모른다. 대부분의 사람들이 이렇게 타로를 포기한다. 이때 포기하지 않은 나머지 사람들은 여전히 말 한마디 못 꺼내지만, 늘지 않는 실력에 대해 의심하지 않으며 계속해서 꾸준히 공부 '만' 한다. 이는 맹신과 같다. 주변에서 혹은 인터넷카페에서 포기하지 않도록 지지하고 응원하는 것에 의심을 지워나가는 것이다. 사실 이러한 현상이 일어나는 이유는 간단하다. 타로 '보는' 방법을 배우지 못했기 때문이다. 한편 그럼에도 불구하고 실력이 늘고 타로리더로서 성장하는 사람들도 존재한다. 이러한 사람에 대한 이야기는 2장에서 자세히 언급할 테지만, 이들의 비결을 한마디로 표현하자면 '멈추지 않고 계속 한 경우'이다. 그리고 안타깝게도 이는 강의를 통해 얻은 효과라고 말하기엔 어렵다. 비싼 돈을 투자하여 수많은 책을 읽고 강의를 들어도 확실한 원리와, 타로 보는 방법에 대한 이해 없이는 타로 리딩 자체가 되지 않는 것이다. 이에 대해 불만을 제기하면 타로 강사들은 이렇게 위로와 응원을 한다. "일단 해! 하다보면 돼!"

우리는 기술을 습득하기 위해 학원을 간다. 요리를 잘하기 위해 요리학원을 가고, 컴퓨터 프로그램을 잘 다루기 위해 컴퓨터 학원을 간다. 앞서 언급한 운전면허학원도 마찬가지이다. 우리가 반드시 잊지 말아야 할 것은 이것이다. 우리는 운전 기술을 배우기 위해 운전면허학원을 찾는다는 것. 우리의 목적은 차량을 운행할 수 있는 실질적인 '기술'이다. 물론 오로지 면허증 취득을 위해 시험을 볼 수도 있겠지만, 그 면허증의 존재이유 또한 기술을 사용하기 위함이니 우리가 학원에서 얻고자 하는 건 실전 '자동차 운전 기술'이라 말 할 수 있다. 그리고 그 기술을 얻는데 효과를 주는 건 문제집이 아닌 실제 주행경험이다.

마치 수능이나 재수학원처럼, 지식위주 교육이 필요한 학원도 있겠지만 뚜렷한 기술이 필요한 학원은 그와는 조금 다르다. 타로카드의 '키워드'는 운전면허학원의 문제집과 같다. 얼마든지 혼자서도 공부할 수 있다. 요즘은 세상이 좋아져서 자료도 넘쳐난다. 반드시 몇 시간씩 투자해서 직접 알려줘야만 하는 내용이 아닌 것이다. 그리고 타로카드는 기술이 핵심인 학문이다. 이 의견에는 모든 텔러들이 동의할 것이라 믿는다. 때문에 타로카드는 가만히 앉아서 키워드를 듣는다고 해낼 수 있는 것이 아니다. 그 시간에 핸들을 잡아보고, 액셀을 밟아보고, 사이드 미러에 익숙해지는 게 더 중요하다. 가르치는 이들은 이것을 기억해야 한다. 학원은 기술을 얻고자 자신을 찾은 수강생들에게 실질적인 기술을 전수해야 한다. 이 책을 통해 타로 강사들이 자신의 커리큘럼을 한번쯤 의심해 보는 계기가 되길 간절히 바란다.

몇 가지 오해를 불러일으킬 수 있는 건에 대해 정리하며 이 파트를 마무리 하려 한다. 먼저 분명히 해야 할 것은, 키워드도 물론 중요하다는 것이다. 어쨌든 우리가 하려는 것은 타로이기 때문이다. 카드가 제시하는 키워드를 무시한다면 우리가 하는 것이 타로라고 말할 수 없지 않겠는가. 여기서 말하는 건 키워드가 중요하지 않다는 말이 결코 아니다. 타로는 이론만큼 기술 또한 중요하다는 의미이다. 우리는 수강생들에게 훨씬 만족도 있는 강의를 제공할 필요가 있다. 모두가 어렵고 소중한 시간을 내 함께 모이는 시간인 만큼 보다 유익한 시간이 되길 바란다.

이야기를 풀어가는 과정에서, 내가 운전면허학원 이야기를 꺼낸 이유는 면허학원에서 가르치는 방식이 모든 면에서 옳고 최선의 방법이라서가 결코 아니다. 단지 '기술'을 교육하는 방식에 있어 공감할 수 있는 포인트가 있기에 채택한 비유이다.

오컬트

간절히 바라면 다 이루어져?

한 여자가 있다. 그녀는 어릴 적 어머니를 여의었다. 어머니는 돌아가시기 전에 딸에게 예쁜 보라색 머리핀 하나를 선물했다. 그녀는 그 머리핀을 소중히 다루었다. 어머니를 기억하고 싶은 날이나 특별한 날에는 그 머리핀을 꺼내 착용했다. 그러던 어느 날 그녀는 어머니의 머리핀을 착용하고 멀리 여행을 떠나게 된다. 멀고도 낯선 여행지에서 그녀는 운명의 남자를 만나 사랑에 빠진다. 마찬가지로 여행객이던 그 남자는 신기하게도 그녀의 집과 얼마 떨어지지 않은 거리에 살고 있었고, 우연히도 여행이 끝난 뒤 두 사람이 복귀하려는 예정 날짜도 같았다. 여행을 끝마치고 함께 집으로 돌아오는 두 사람은 연인이 되어있었다. 그렇게 그녀는 얼마 동안 남자와 후회 없는 사랑을 한다. 시간이 흘러 두 사람은 이별하게 되고, 그녀는 언제 그랬었냐는 듯 자연스레 일상으로 돌아간다.

그러던 어느 날 그녀는 문득 어머니의 머리핀을 하고 외출을 하게 되는데 우연히도 그날 어떤 남자로부터 고백을 받게 된다. 그렇게 또 새로운 사랑이 시작 되고, 시간이 흐른 얼마 뒤 또다시 자연스러운 이별을 맞이하게 된다. 그러나 그녀는 곧 다시 새로운 사랑을 시작한다. 언제나 그랬지만 새로운 사랑의 시작에는 신기하게도 어머니가 주신 머리핀이 함께였다.

그리고 꽤 많은 시간이 흐른다. 언젠가부터 그녀는 소개팅을 통해 남자를 만나왔다. 느낌이 좋은 상대를 만나러 나갈 때는 언제나 머리핀을 착용했고 그럴 때면 역시나 만남 또한 늘 성공적이었다. 지금 솔로인 그녀는 한 남자와의 소개팅을 앞두고 있다. 주선자로 부터 전해들은 상대남자에 대한 정보는 그녀의 마음을 설렘으로 가득 차게 만들었다. 사진으로 미리 확인한 남자의 외모도 마음에 든다. 소개팅 당일 날, 그녀는 좋은 결과를 위해 머리핀을 꽂고 소개팅에 나선다. 실제로 만난 남자는 그녀의 예상보다 더욱 그녀의 마음에 들었다. 중후한 목소리와 신사다운 성격까지. 그의 모든 것이 그녀의 마음을 사로잡았다. 그렇게 소개팅은 마무리되고.. 그런데! 어찌된 일인지 소개팅이 끝난 이후에도 남자는 애프터신청을 하지 않았다. 주선자를 통해 남자의 마음을 확인해보니 그녀는 그의 스타일이 아니란다. 그녀는 매우 혼란스럽다. 단 한 번도 이런 일이 없었다.

어머니의 머리핀은 그녀에게 언제나 사랑을 연결해 줬었다. 혼란스런 그녀는 깊은 생각에 잠긴다. 그리고 잠시 후 이런 결론에 도달하게 된다. '그래! 그 남자는 내가 사랑할 사람이 아니었던 거지! 사실은 뭔가 문제가 있는 사람인가 봐! 내가 힘들게 될까봐 엄마가 나를 지켜 줬나 보다!'

얼마 뒤 그녀는 발걸음을 바삐 하며 어딘가로 향하고 있다. 그녀가 향하고 있는 곳은 새로운 소개팅 장소. 그리고 그녀의 머리에는 보라색 머리핀이 꽂혀있다.

오컬트는 정통타로를 관통하는 이 장의 핵심이다. 이는 타로를 바라보는 하나의 메타 관점으로 작용한다.

먼저 오컬트는 라틴어 'Occultus(감추어진)'에서 유래된 개념으로 신비적, 초자연적 현상들을 믿는 것과 연관이 있다. 보통 '신비주의'로 사용되지만 '학문'의 의미도 가지며 우리나라에선 신비학, 은비학(오컬티즘)으로 번역하기도 한다. 이것이 학문의 형태를 띨 때는 신비적, 초자연적 현상을 일으키는 기술이 된다. 흔히 마법, 저주, 점술, 예언, 텔레파시, 채널링 같은 개념들을 떠올릴 수 있으며, 오컬트를 확대해석하면 과학이 아닌(과학을 제외한) 대부분의 것들에 그 의미를 매치시킬 수 있다. 이는 과학적, 인과적 사고와 대조적인 주술적 사고를 의미한다.

오컬트를 이해하기 위해서는 오컬트의 핵심 요소를 파악하면 도움이 된다. 이는 '미신'을 믿는 마음으로 다시 말해 과학적, 합리적인 근거 없는 맹신을 의미한다. 그러한 맹신의 범위를 조금 확장해서 살펴보자.

현대인이 무엇을 맹신할 때는 대부분 본인의 체험이 그 기폭제가 된다. 사나운 개한테 한번 물렸던 경험은 이빨도 자라지 않은 어린 강아지 곁에도 다가가지 못하게 만들고, 어릴 적 새우가 목에 걸려 죽을 뻔한 경험은 몇 십 년이 지나도 여전히 그 음식은 쳐다보지도 않게 만든다. 특정 종교에 기도한 뒤 병이 나았던 사례는 해당 종교에 더욱 빠져들게 만든다.

예를 들어 어릴 적 학교에서 심한 괴롭힘을 당했었다고 가정 해보자. 날 죽도록 괴롭히던 녀석의 말투, 표정, 사용하던 가방, 즐겨 쓰던 브랜드 등 모든 것이 기억 속에 각인이 돼 그 녀석을 떠올리게 하는 모든 것들이 기피대상이 될 수 있다. 냉정하게 바라보면 다 성장한, 이제는 분명 그 녀석과 상관이 없지만 그 녀석이 유독 좋아하던 것들이 여전히 꺼려진다. 그 뿐만이 아니다. 이는 사회적으로도 자연스럽게 습득된다. 우리는 사람이 자살한 집에는 왠지 들어가 살기 오싹하다. 또 에이즈 환자가 단순히 만진 물건도 왠지 꺼림칙하게 받아들인다.

그렇다. 인간이라면 사실 오컬트적 요소로부터 어느 누구도 완전하게 자유로울 수 없다. 비단 사이비 종교니 초능력이니 이렇게 거창한 것들만이 아니라 이렇게 작고 세세한 곳에도 오컬트적 요소는 존재한다. 우리는 무엇을 이해하는데 있어 각자의 체험을 그 근거로 활용한다. 여기에 '정답'이란 없다. 팩트는 존재하지 않는다. 다만 각자 부여한 의미가 팩트로 작용할 뿐이다. 이것이 누군가에게는 강아지를 맹수로, 다른 누군가에게는 귀여움의 대상일 수 있도록 만든다. 물론 인간이 완벽하게 합리적인 존재는 될 수 없다. 다만 노력 없이 오직 직접적 체험을 통한 비합리적인 근거들만을 맹신하게 될 때, 우리는 더욱 오컬트화 되어간다.

지금 나는 오컬트의 뿌리를 뽑자는 이야기를 하고 있는 것이 아니다. 앞서 언급했듯이 이는 가능하지도 않거니와 유익하지도 않다. 다만 오컬트적 사고에 깊이 빠져있을 경우 우리는 알게 모르게 많은 손해를 보게 된다. 완전히 자유로울 수는 없지만, 지각을 통해 이러한 오컬트적 사고에서 벗어나려는 노력은 필요하다고 할 수 있다. 오컬트는 우리의 사고를 제한하고 고착시킨다. 무한한 가능성의 현실에 살고 있는 우리를 편협 된 현실로 고정시켜 자그맣고 한정된 세상에 갇혀 살게 만든다. 여러분들 주변에도 이처럼 꽉 막힌 누군가가 한명쯤은 있을 거라 생각한다. 도저히 무슨 생각을 하는지 모르겠고, 뻔히 벗어날 수 있는 답이 보이는데 지속적인 자기고집만으로 피해보며 사는 사람들 말이다. 마치 은행이 언제 망할지 모르니 한 푼도 은행에 맡길 수 없으며 반드시 현찰로 돈을 보관해야 한다는 사람과 같다. 이런 이들은 자기만의 현실이 뚜렷하고 강렬하다. 때문에 다른 현실은 거부한다. 주변사람들의 진심어린 조언이 결코 달갑게 들리지 않는다. 이들은 오컬트적 사고에 강하게 빠져있다. '합리적인 근거 없는 맹신' 말이다.

과학적이고 합리적인 근거 없는 맹신. 신비주의적 오컬트에 대해 조금 더 살펴보자. 우리는 사이비 종교를 오컬트라 부르는 데는 거리낌이 없다. 그러나 누군가는 듣기에 따라 다소 불편할 수도 있을 내용이지만 종교 또한 오컬트의 범주에 속한다. 왜냐하면 사실 확인이 불가능하기 때문이다. 그리고 두 말할 필요 없이 타로카드 또한 오컬트이다. 흔히 주장하는 그 작동기전들은 과학적 확인이 불가능하다. 이어지는 2장에서는 '비욘드 타로'의 원리가 공개된다. 그리고 이는 오컬트가 아니다. 타로의 담백한 원리를 파악하면 우리는 오컬트가 아닌 본연의 순수한 타로의 모습을 만날 수 있다. 이는 아마, 타로를 최초로 점복도구로 만들어낸 그들이 원하는 바는 분명 아닐 것이다. 하지만 이제 우리는 모두 사과가 나무에서 떨어지는 이유가 중력 때문임을 알고 있는 세상에 살고 있다. 중력을 이해한 우리는 사과가 떨어진다는 현상이 신기하지만 신기하지 않을 수 있다.

과학은 객관적으로 증명된 지식을 의미한다. 과학은 그 근거를 확인 할 수 있다. 때문에 과학은 나아가 우리의 상식이 된다. 그렇기에 우리는 지구에 중력이 존재하고, 오래전에는 공룡이 존재했었음을 안다. 직접 우주에 가보지 않고도 지구가 둥글다는 것을 알고 있다. 왜 사계절이 존재하는지, 사계절이 뚜렷하지 않은 나라는 왜 그런지 또한 안다.

오컬트는 과학과 반대되는 개념이다. 때문에 근거가 없는 오컬트가 갖는 필연적인 특징이 있다. 바로 작동할 때가 있고 작동하지 않을 때가 있다는 것이다. 오컬트는 편협 된 사고에 갇히게 만든다. 때문에 오직 한정된 현실 속에서 모든 답을 찾도록 강요한다. 이 같은 시각에서 본다면 처음 이야기 속 그녀의 머리핀은 마치 무조건 사랑을 찾도록 돕는 영물인 것처럼 보인다.

이 같은 사고에 갇혀 있으면 타로 리딩도 단조로워진다. 풍부한 리딩을 하기 위해서는 타로의 틀을 깨고 나와야 한다. 나는 타로를 잘 보기 위해서는 날마다 같은 시간에 물을 떠다 놓고 기도를 해야 한다고 가르치는 사람도 봤다. 우리는 기도를 해야 한다는 그 말을 받아들이는 순간 혼돈의 문 안으로 입장하게 된다. 어쩌면 그들의 말대로 기도를 한 뒤 타로를 유독 잘 보는 날이 있을 수도 있다. 다만 그것이 정말 기도의 탓인지 진실은 알 수 없다. 기도를 했는데도 타로 리딩이 형편없는 날이 있다. 문제는 이때 발생한다. 이 행위를 합리적으로 의심해 보는 것이 아니라 기도가 효과 없었던 탓을 자신의 정성부족으로 돌린다. 이는 마치 자위와 같다. 일시적인 위안은 얻되, 근본적인 문제는 해결되지 않는다. 효과 여부와 상관없이 그 사람은 타로 보기 전 기도하는 행위를 계속하게 된다. 대부분의 오컬트 단체는 이를 필수적으로 교육한다. 자신들에게 의문을 제기하거나 효과를 못 보는 이들에게는 정성 부족으로, 깨달음을 얻거나 신비한 체험을 할 때는 비전의 우수함으로 연결시킨다. 이 경우 이미 우리는 그들의 틀 안에 갇혀 있기에 모든 답은 그 안에 있을 수밖에 없다는 생각에 사로잡히게 된다.

내가 이 책을 통해서 말하고자 하는 건 오컬트 없이도 타로를 볼 수 있다는 것이다. 아니 오컬트가 아니어야만 타로를 더 빠르고 정확하게 해낼 수 있다. 오컬트적 요소는 언제고 다시 우리의 길을 잃게 만든다. 반드시 기억하라. 고장 난 시계도 하루에 두 번은 맞는다.

Chapter

02

메커니즘

2장을 들어가면서

....

우리가 지난밤에 술 한잔했다는 사실을 우리의 부모님 혹은 친구가 맞혔다는 이유로, 우리는 그 사람이 영적인 능력이 있다고 생각하지 않는다. 타로 혹은 점의 원리 또한 이것과 다르지 않다. 다만 일상적인 상황과는 다르게 우리는 수많은 의미부여를 통해 '신비한 점술'이라는 특수한 맥락을 형성해 놓았다. 이는 이를 찾는 이들로 하여금 특별할 것이란 기대감을 갖도록 만든다. 그리고 그 기대감은 굉장히 중요한 재료로 활용되는데, 마치 파란 색안경을 끼면 세상이 온통 파란색으로 보이듯 그들에게 갖는 우리의 기대감은 대단치 않은 일에도 더욱 신비함을 체험토록 만든다. 이는 너무나도 자연스러운 일상 속 최면이라 말할 수 있다. 우리는 우리의 냉정한 판단을 흐리게 만드는 최면들로부터 해제 될 필요가 있다.

이를 위해 '타로란 무엇인가?', 좀 더 자세하게는 '타로카드'란 무엇인가? 부터 이야기 하려한다. 이는 타로의 근본을 향해가는 그 첫 번째 질문이다.

나는 타로카드를 이렇게 정의한다.

『타로카드 – '타로 텔러'의 직관 활용을 돕는 도구』

덧붙이자면, 타로카드란 '직관 활용을 돕는 도구' 그 이상도 그 이하도 아니다.

지금 말한 정의 이상으로 타로카드를 바라보게 되면 오컬트에 빠지게 되고, 그 이하로 바라보게 되면 직관 활용의 도움이 필요하지 않은, 이를테면 타로의 역사 파트에서도 살펴봤듯 단순한 게임용 카드 정도가 될 것이다. 다시 말해, 그 이상이면 지나친 의미부여가, 그 이하면 의미가 없는 것이 된다. 우리는 타로카드를 오직 도구로서 담백하게 바라볼 때 가장 유용하게 활용할 수 있다.

타로를 향한 첫걸음을 떼는 지금의 시점에 아직은 타로카드에 대한 정의가 단박에 이해되지 않을 수 있다. 또 '직관'은 뭐지? 라며 의문이 들 수도 있다. 괜찮다. 이제 하나씩 살펴 볼 것이고 이 장이 끝날 때 즈음이면 내가 전하고자 하는 바를 충분히 이해할 수 있을 것이다.

본격적인 타로의 원리를 파헤치기에 앞서, 잠시 시간을 갖길 바란다. 자기 자신에게 다음의 질문을 던져보라.

'나는 타로가 뭐라고 생각하지?'

'나는 타로의 어떤 점이 신기하지?'

'나는 타로의 어떤 점이 궁금하지?'

'나는 타로로 무엇을 하고 싶지?'

와 같은 질문들이다. 이는 여행을 시작하기 전 잠시 멈춰 서서, 지도를 펼쳐들고 내가 지금 어디에 있는지 확인하는 작업과 같다. 우리의 여행 길은 잘 포장된 반듯한 길이 아닐 수도 있다. 때문에 분명한 목표를 가지고 목적지를 향해 마냥 돌진하는 것이 아닌, 보이는 모든 풍경이 목표가 되어 매순간 즐길 수 있길 바란다. 이윽고 목적지가 어딘지 불투명한 이 여정에서 도착지에 다다랐을 때, 비로소 시작점을 돌아보면 지나온 길은 새롭게도, 뿌듯하게도 보일 것이다.

준비 되었는가? 그렇다면 이제 본격적으로 '타로는 어떻게 작동 되는가'의 근원을 향해 가는 여행을 시작한다.

직관의 정의

딱 보고 남자인지 여자인지
어떻게 알아?

　　직관이란 무엇일까? 직관에 대한 온전한 이해가 타로 '메커니즘'의 핵심이다.

　　언젠가 어린 나에게 불현듯 강렬한 통찰이 찾아왔다. 이는 타로 리딩의 모든 원리는 직관으로 풀어낼 수 있다는 깨달음이었다. 나는 최초로 대륙을 발견한 콜럼버스처럼 강한 흥분에 휩싸였다. 왜냐하면 직관을 통한다면 남녀노소 누구나 타로의 원리에 대해 납득할 수 있는 설명이 가능하기 때문이었다. 마냥 어렵고 끝 모를 미지의 세계처럼 여겨지는 타로의 신비함이란, 그 민낯을 마주하고 보니 마치 오랜 친구처럼 너무나 편안하고 익숙한 녀석이었다.

　　그러나 나는 이내 실망하고 만다. 인터넷 검색을 해보니 '직관 타로'라는 키워드와 연관된 자료들이 이미 존재하고 있었다. 나보다 앞서 타로를 직관으로 푼 사람들이 있던 것이다.

실망감을 느꼈지만 한편으론 또 다른 흥분감을 느꼈다. '세상에는 천재가 많구나! 그들은 직관을 통해 타로의 원리를 어떻게 풀어냈고, 또 이론은 어떻게 정립했을까?' 새로운 배움의 길에 대해 흥분이 되었다. 아마도 '직관'을 분석해 전하는 그들의 가르침은 배움을 원하는 모든 사람들을 쉽게 타로 마스터의 길로 인도할 수 있을 것이며, 가르치는 이나 배우는 이 모두가 만족할 것이 분명했다. '직관 타로'라는 단어를 지긋이 바라보며, 비록 내가 처음은 아니지만 그들의 이론은 분명 나에게도 큰 자원이 될 것임을 확신했다.

그러나! 뭔가 잘못돼 있었다.

그들이 말하는 직관과 내가 말하는 직관은 너무나도 달랐다. 아예 다른 의미였다. 조금 거칠게 표현하자면 그들이 말하는 직관은 직관이 아니었다.

앞서 타로카드의 정의로, 타로카드란 직관 활용을 돕는 도구 '그이상도, 그이하도 아니다.'라고 언급한 바 있다. 타로카드에 그 이상의 의미를 부여하게 되면 우리는 오컬트에 빠지게 된다. '직관' 역시 마찬가지다. 그들은 직관에 뭔가를 첨가해 야릇하게 만들었다. 그들이 말하는 직관은 변질되어 더 이상 직관이라는 이름으로 부르면 안 될 것만 같았다. 만약 그러한 개념을 받아들이게 되면 우리는 타로에 대해 혼돈의 세상을 마주하게 된다.

직관이라는 단어는 어렵게 느껴진다. 우리는 실생활에서 은연중에 이 단어를 남발하지만 그 본래 뜻을 알고 쓰는 이는 드물다. 대부분의 사람들은 '직감' 이라는 단어와 같은 뜻으로 사용한다. 만약 그렇게 사용한다 해도 그것이 굳이 틀린 것은 아니다. 직관은 직감의 개념을 포함하는 더 큰 개념이기 때문이다. 스마트한 세상에 살고 있는 우리는 당장 핸드폰을 들어 직관에 대한 뜻을 검색해 찾아 볼 수 있다. 그러나 그 방법도 직관에 대한 정의를 쉽게 이해시켜주지 못한다. 직관에 대한 수많은 정의들이 존재하는데 뭐 하나 이마를 탁! 칠 만한 속 시원한 정의를 찾기는 힘들다. 대부분의 정의들이 이해는 되지만 뭔가 좀 묘하게 어렵다. 심지어 단어의 정의를 설명하는 사람마다 미세하게 의미가 차이 나기도 해서 더욱 혼란을 가중시킨다.

우리는 이처럼 직관과 같이 어려운 개념들을 종종 만난다. 이러한 개념들이 어려운 이유는 '추상도' 가 높기 때문이다. 추상도가 높다는 것은 그 개념을 뚜렷하게 떠올리기 어렵다는 뜻이기도 하다. 예를 들어 데이트의 상황을 떠올려보자. 당신의 애인이 당신에게 요구하는 '맛있는 것' 이라는 단어는 추상도가 높아 어렵게 들리지만,

'크림 파스타' 는 추상도가 낮아 뚜렷하게 떠올릴 수 있다.

'추상도' 가 높은 개념은 쉽게 이해하기 힘들다. 때문에 수많은 사기꾼과 사이비에게 이는 유용한 도구가 된다. 신성, 신, 우주, 기, 에너지, 깨달음, 도, 영혼 등 과 같은 단어들은 이들 입장에서 가지고 놀기 좋은 도구들이다. 어떤 식으로 해석하든 그럴듯한 맥락만 설정하면 누군가를 꾀어내기가 쉽기 때문이다. 이같이 추상도가 높은 개념에 대해 우리가 이해하기 시작할 때, 안정감 나아가서는 희열을 느끼게 된다.

인간은 언제나 '앎' 에 대해 갈망한다. 이는 본성이다. 인간은 본래 '인과' 를 좇도록 진화됐기 때문이다. 자신이 처한 환경을 매순간 '이해' 하길 원한다. 이는 미래에 대한 두려움을 모르는 대상에게 투사 하는 것인데, '안다' 는 느낌은 그것을 내가 통제할 수 있다는 믿음을 불러일으킨다. 이는 우리에게 안정감을 부여하고, 두려움이 해결됐기에 결과적으로 생존과 번식에 도움이 된다고 믿는다. 이 내용에 대해서는 이후 파트에서 살펴볼 진화심리학적 관점으로 바라보면 이해가 더 쉬울 것이다.

아주 먼 옛날 원시적인 생활을 하던 인간에게 세상은 도저히 알 수 없는 것들뿐이었다. 해가 뜨고 지는 것, 계절이 바뀌는 것, 비가 오고 눈이 오는 것, 번개가 치고 태풍이 부는 것 등 그들에게는 그것을 이해할 수 있는 지금과 같은 과학적 기반이 존재하지 않았다. 알 수 없는, 통제할 수 없는 환경의 변화는 인간을 극도로 두렵고 불안하게 만든다. 세상의 모든 이치를 이해하고 편안해지고 싶지만 그러한 자연현상들이 왜 일어나는지 도저히 알 수 없었다. 지금과 같은 이성적인 사고와 과학적 기반이 전무한 그들에게 이와 같은 현상을 납득할 수 있는 방법은 단 하나 뿐이었다. 이는 이런 현상을 일으키는 누군가가 존재한다는 것, 바로 '신' 이란 존재를 창조한 것이다. 모든 이치를 신에게 투사 해버림으로써 인간은 '불확실함에 대한 두려움'을 빠르게 해소할 수 있게 된다.

하지만 이제 사람들은 번개가 치는 것을 더 이상 신이 노했기 때문이라고 생각하지 않는다. 지구가 네모여서 배를 타고 가다보면 낭떠러지로 떨어진다고도 생각하지 않는다. 왜냐하면 대다수가 납득할 수 있는 증거를 찾는 과학이 발전했기 때문이다. 다시 말해 이성적으로 납득 가능한 인과를 찾는 것이다. 모든 현상에 대한 앎, 그것을 위해 과학이 발전하고 있다.

지금은 인터넷상에서도 직관에 대해 전 보다 훨씬 많은 정보들을 찾을 수 있다. '직관 타로' 라는 키워드도 마찬가지인데, 놀라운 점은 역시나 직관과 '신점'을 연관한 자료도 찾을 수 있다는 것이다. 실제로 신점을 보는 분들 또한 그 원리를 직관으로 이야기 하는 분들이 있다. 나 역시도 내가 바라보는 '직관'의 관점에서 신점과 타로 점의 원리가 다르지 않다는데 동의한다. 그러나 주의할 점은 그들이 말하는 직관과 내가 말하는 직관은 분명 다르다는 것이다.

그들이 말하는 직관은 본래의 의미에서 변질돼 담백함을 잃었다. 보통은 영적인 무엇인가를 첨가해서 쉽게 범접할 수 없는 분위기를 자아낸다. 나는 더하거나 빼지 않고 순수한 그 의미로 충분하다는 것을 이야기하고 싶다. 아니 오히려 순수한 그것만이 비약 없이 우리가 앎에 더 쉽게 다가갈 수 있음을 입증하고 싶다. 이에 대해 심리학자이자 직관 분야의 세계적 과학자인 게르트 기거렌처는「생각이 직관에 묻다-추수 밭」이라는 책을 통해 다음과 같이 말했다.

'유럽인의 사고에서 직관은 가장 확실한 지식의 형식으로 출발되었는데도... (중략)... 한때 천사와 영적인 존재가 인간의 추론을 초월하는 완벽한 확실성(impeccable clarity)을 직관으로 안다는 식으로 알려졌다... (중략)... 하지만 요즘에는 직관을 머리보다는 몸통에 연결지어 생각하고, 영적인 확실성에서 단순한 감성으로 끌어내리는 방향으로 나가고 있다.'

그의 말은 직관에 대한 뜻이 담백해져야 할 필요성을 의미한다. 마치 네모난 지구가 아닌 둥근 지구임을 밝혀낸 것처럼, 직관이라는 개념에 대해 불확실한 첨가물들을 제거하고 가장 확실히 작동하는 순수한 상태를 만드는 것이다.

이쯤에서 내가 정리한 직관의 정의를 공개한다. 이는 앞으로의 내
용을 진행함에 있어 중심이 되는 개념 중 하나로 필히 기억해두길
바란다.

『직관 – 모든 인지 단계에서 이루어지는 모든 통찰』

이해를 돕기 위해 먼저 '인지 단계'에 대해 부연하겠다. 인지 단계
란 기존에 없는 개념으로, '인지, 준인지, 비인지'로 구분된다. 이는
최면분야의 마인드모델과 비슷하다.

인간은 오감을 통해 1초에 약 200만 비트(bits)의 정보가 유입된다.
그러나 해당 정보를 모두 받아들이는 것이 아닌 삭제, 왜곡, 일반화
라는 일종의 여과장치를 거치고 남은 약 134 비트(bits)의 정보만을
받아들이게 된다. 우리는 굉장히 방대한 양의 정보에 노출 되지만
매우 적은 양만을 선택해 처리하게 된다. 이때 여과장치를 거치고
남은 약 134비트의 정보가 '인지'의 개념이다. 즉 지금 자신이 인지
하고 있다고 느끼는 것들을 의미한다. 마인드 모델의 '의식' 지점에
존재한다.

준인지와 비인지는 마인드 모델의 '잠재의식' 지점에 존재하는 개

념이다. 이는 무의식적, 즉 자동적으로 일어난다는 특성을 갖는다. 위에 언급한 200만 비트의 정보에서, 인지한 134비트의 정보를 뺀 나머지에 대한 이야기이다. 인지한 것보다 훨씬 많이 남은 이 정보는 전부 삭제되는 것이 아니라 대부분 무의식적인 정보로 담기게 된다. 내가 애써 '인지'하지 않아도 무의식적 수준에서 인지되어 담기는 이 정보를 준인지, 비인지 수준에서 발생했다고 말한다.

이어 '통찰'에 대해 설명하겠다. 나는 통찰을,

『무엇인가를 알게 되는 것, 혹은 안다고 믿게 되는 것』

이라 정의한다. 이는 엄청난 노력 끝에 찾아오는 깨달음과 같은 '앎'에서부터, 단순히 현재 시각이 오후 6시30분이라는 것을 확인하는 사소한 '앎'도 포함한다. 인간은 필연적으로 사회와의 관계에서 정보처리 작업을 하며 새로운 것들을 알게 되고 학습하게 된다. 여기서 말하는 '앎'이란 특별히 어려운 개념이 아닌 단순히 아는 것을 말한다.

덧붙여 '혹은 안다고 믿게 되는 것'을 삽입한 이유는, 우리가 알고 있다고 믿는 것과 '사실'은 다를 수 있기 때문이다. 우리는 보통 안다고 생각하는 것을 '사실 또는 진실'로 취급한다. 그리고 누구나 한

번쯤은 그것이 사실이라 믿는 것이 실제로는 사실이 아니었음을 깨달았던 경험이 있었을 것이라고 생각한다. 우리의 통찰과 현실사이에는 차이가 있을 수 있다. 사실과는 상관없이 내가 안다고 믿게 되는 것을 통찰이라 한다. 즉 우리의 통찰이 언제나 옳은 것은 아니다.

두 과정을 정리하자면, '인지 단계'의 '앎'을 통해 직관이 형성된다.

몇 달 전 본 서적과 동명의 강의를 진행 한 적이 있다. 몇 가지 과정 이후 지금과 같은 '직관의 정의' 파트에 다다랐을 때, 나는 수강생들에게 다음과 같은 질문을 던졌다.

"여러분, 제가 남자인가요? 여자인가요?"

이 질문에 앞서 이미 몇 시간 동안 강의가 진행됐었는데... 수강생들은 나의 성별을 묻는 이 질문을 과연 잘 맞힐 수 있었을까? 당연하지만 모두가 정답을 맞혔다. 이런 질문을 하는 나를 어이없다는 듯 바라보는 수강생도 있었다. 다음 문단으로 넘어가 보기 전에, 이 글을 읽는 독자 분들도 내가 남자인지 여자인지 맞혀보길 바란다. 나의 사진이나 동영상을 볼 수 있는 분들은 되도록 나의 모습을 확인해보길 바란다. 그리고 다소 황당할 수 있는 이 질문에 진지하게 답해보길 바란다.

정답을 공개하겠다. 나는 남자이다. 유난히 튀지도, 특별히 별난 외형적 특징도 없는 지극히 평범한 남자이다. 정말이지 놀랍게도 수강생들 모두가 내가 남자인 것을 맞혔다. 놀랍지 않은가? 그들이 모두 내가 남자인 것을 맞혔다는 사실이 말이다. 나아가 당신이 길을 걸어가며 스쳐지나가는 사람들이 남자인지 여자인지 구별할 수 있다는 게!(물론 헷갈리는 사람도 있겠지만) 이것이 도대체 어떻게 가능한 일일까? 이것이 신기할 수도 있고 아닐 수도 있다. 그런데 중요한 사실은 타로를 보면서 사람들이 신기해하는 포인트는 정확히 이것과 동일한 프로세스로 이루어진다는 사실이다.

더 놀라운 사실 하나는 내가 이들에게 이 질문을 던지기 전까지 어느 누구도 '아, 저 선생님은 남자구나!' 라고 생각하지 않았다. 그냥 보는 순간 알 수 있었다. 굳이 '인지' 수준으로 끌어올려 확인 할 필요도 없이, 내가 남자라는 사실은 '준인지, 비인지' 수준에서 자동으로 통찰 된다.

여러분은 책을 읽고 있는 지금 이 순간에도 직관을 활용해서 이해하려하고 있다. 직관은 항상 일어난다. 직관이 없다면 아무것도 배울 수 없다. 학습이 불가능하다는 뜻이다.

잘 따라오고 있는가? 혹시 조금 어렵게 느껴지는가? 그래도 괜찮다. 조금 낯선 내용들이 언급돼 헷갈릴 수 있지만 이어지는 파트들을 통해 더 쉽게 이해를 도울 것이다. 어떤 느낌인지 정도로만 느끼고 넘어가도(준인지, 비인지) 후에 퍼즐들이 연결('인지' 수준의 통찰)되는 순간이 있을 것이다. 직관은 어떤 식으로 작동하는 것인지, 다음 파트를 통해 직관의 담백한 예시들을 만나보도록 하겠다.

직관 바라보기

눈빛만 봐도 다 안다고?

직관은 사실 언제나 우리와 함께하고 있다. 매 순간 우리와 가장 밀접하게 관계하고 있다고 할 수 있다. 때문에 세상의 어떤 상황도 직관을 이해하기에 좋은 예시가 될 테지만, 여기서는 특별히 몇 가지 이야기를 택해 전하려 한다. 이는 총 3가지의 이야기로 동명의 강의에서 전했던 이야기를 공개한다.

첫 번째 이야기는 야구에 대한 내용이다. 야구장에서 투수와 타자 간의 거리는 얼마나 될까? 일반적으로 18.44m라고 한다. 아파트 한 층 당 높이를 3m라고 했을 때, 마운드까지의 길이는 아파트 6층 높이를 넘는 길이가 된다.

투수가 스트라이크 판정을 받기 위해 공을 넣어야만 하는 스트라이크존의 크기는 어떨까. 스트라이크존은 개인에 따라 차이가 있기에 여기선 가로50cm, 세로80cm 라 정하도록 하자. 지금 내가 사용하는 32인치 모니터의 가로가 44cm, 세로가 73cm 정도이다. 스트라이크존은 겨우 이 모니터보다 조금 큰 수준이다.

한번 상상해보라. 당신이 공을 든 채 서있고, 당신 앞으로 약 아파트 6층 높이에 해당하는 거리를 두고 누군가가 모니터를 들고 서있다. 당신은 공을 던져 앞에 보이는 모니터를 맞출 수 있을까? 아마 맞추기 힘들 것이다. 물론 야구에 경험이 있는 분들은 맞출 수도 있다. 그런 분들은 자신이 처음 공을 던졌던 시절을 떠올리면 되겠다.

상식적으로 이해가 가는가? 이토록 먼 거리에서 저렇게 자그마한 크기 안으로 공을 던져 넣는다는 게 말이다. 심지어 선수들은 힘을 실어 공을 빠르게 던지기도 하고, 승부를 위해 그 작은 스트라이크존의 구석을 조준하는 제구력을 보여주기도 하고, 심지어 공의 궤도가 휘거나 급격히 떨어지는 변화구로 집어넣기도 한다.

투수에게 이렇게 물어보면 어떨까. "도대체 어떻게 그게 가능하죠? 당신은 그걸 어떻게 한 거예요?" 질문을 들은 투수는 아마도 뭐라 설명할 수 없는 혼란스런 표정이 될 것이다. 그리고 투수의 대답은 아마 이럴 것이다. "그냥 던지면 돼요." 정말이다. 이 말은 사실이다. 그냥 던지면 된다.

두 번째 이야기는 미국의 공항에서 근무하는 한 경찰관에 대한 이야기이다. 이 경찰은 사복 차림으로 공항에 상주하며 은밀히 임무를 수행한다. 그 임무는 마약사범을 검거하는 것으로 그는 이미 오랜 세월 이 임무를 수행해 왔다. 어느 날 평소처럼 근무 중이던 이 경찰은 한 여자를 발견하게 된다. 그리고 그 순간 그 여자가 마약사범임을 확신한다. 조심스레 접근한 그는 그 여자를 붙잡게 되고 확인 결과 마약사범임이 드러난다.

그 여자는 특별할 것이 없었다. 다른 일반 여행객들과 전혀 다를 바 없는 복장과 외모였다. 더욱이 이 여자는 마약운반책으로서 직접 마약을 투약하지도 않았기에 마약중독자 특유의 분위기를 풍기지도 않았다. 이 경찰관은 어떻게 그녀가 범인임을 알았을까? 이러한 질문에 그 경찰관은 달리 답할 말을 찾지 못한다. 그저 '감'이라고 말할 수 있을 뿐이다.

이 같은 장면은 한국 영화에서도 자주 볼 수 있는 장면이다. 오랜 세월 근무한 소위 베테랑 형사들, 그들은 지나가는 사람 눈빛만 봐도 소도인지 대도인지 견적이 나온다고 말한다.

투수는 먼 거리의 스트라이크존을 향해 어떻게 공을 정확히 꽂아 넣을 수 있으며, 이야기 속 경찰은 수많은 사람들 속에서 어떻게 유독 그 여자를 범인이라고 확신할 수 있었을까? 이 의문은 다음의 질문으로 조금 해소될 수 있다.

그 질문은 '처음부터 그랬을까?' 이다.

지금은 멋진 변화구를 자유자재로 컨트롤 하는 투수가 난생 처음 공을 잡았을 때도 스트라이크존에 공을 넣었을까? 아마 아니었을 것이다. 처음에는 아마 근처에도 닿지 못했을 확률이 크다.

우리는 아직 실력이랄 것이 없는 이 잠재적 투수가 어떻게 훌륭한 투수로 성장했을지 유추할 수 있다. 처음에는 포수가 있는 곳까지 공이 닿을 수 있도록 던지기 위해 노력했을 것이다. 짧게 언급하는 형태로 지나가겠지만, 당연하게도 그 노력이라 함은 무수히 많은 시간과 땀이 필요하다. 시간이 흘러 투수가 있는 곳까지 공이 닿게 되고, 이번엔 스트라이크존에 정확히 들어갈 수 있도록 또다시 고된 훈련을 시작한다. 그 뒤에는 보다 빠르게 던지기 위한 훈련, 이후에는 다양한 구종을 컨트롤하기 위해 매번 새로운 훈련을 시작한다. 엄청난 반복 또 반복이다. 이것들을 가능하게 만들기 위해 웨이트 트레이닝 같은 각종 체력 훈련 및 정신적 훈련들도 병행된다. 다른 방법이 있는 게 아니다. 그저 계속 던지면서 조금씩, 조금씩 몸으로 깨달아 가는 것뿐이다.

두 번째 이야기 속 베테랑 경찰관의 경우도 다르지 않다. 아마도 이 경찰은 처음 파트너가 된 '사수' 로부터 다양한 업무를 배우는 것으로 일을 시작했을 것이다. 행여 그게 아닐 지라도, 처음은 자신의 기본적인 업무와 그에 따른 맥락들을 이해하기 위해 시간을 투자하게 되고, 이 후에는 이해한 맥락들을 활용하는 경험들을 쌓아 나가게 된다. 그런 시간 속에서 필연적으로 다양한 범죄자들과의 접촉이 있었을 것이며, 이런 경험들은 이 경찰관에게 자연스러운 학습으로 작용한다. 그 중에는 다 잡았던 범인을 놓친 사례가 있었을 수도, 범인으로부터 생명의 위협을 받았던 경험이 있었을 수도 있다. 어쩌면 첫인상에 묘한 느낌을 느꼈다가 신경 안 쓰고 지나쳤는데 나중에 알고 보니 범인이었던 경험도 있을 수 있다.

이 경찰관은 그 자가 범인인 것을 어떻게 한눈에 알 수 있었는지 논리적으로 설명하지 못한다. 그리고 그건 전혀 이상한 게 아니다. 우리는 만약 다른 사람이 같은 상황에서 있었더라면 같은 결과를 얻을 수 있었을지 장담하지 못한다. 특히 다른 분야에 있는 사람이라면 더더욱 그렇다. 그 경찰의 고유한 경험속의 통찰, 그것만이 그 순간 그 일을 가능하게 한다.

마지막 세 번째 이야기는 '그리고' 에 대한 이야기이다. 이는 앞서 나왔던 내용처럼 특별한 직업군에 대한 내용이 아닌 우리 모두가 쉽게 꺼내볼 수 있는 우리 안의 직관을 들여다보도록 돕는다. 먼저 다음의 두 문장을 읽어보자.

〈A. 철수는 돈을 벌었다. 그리고 철수는 가게를 차렸다.〉
〈A. 철수는 가게를 차렸다. 그리고 철수는 돈을 벌었다.〉

이 두 문장이 어떤 의미인지 이해할 수 있을 거라 믿는다. 여러분에게 묻겠다. 위 문장과 아래 문장의 의미가 서로 같은가?

이러한 '그리고'의 예시는 얼마든지 가능하다. 왜냐하면 우리들의 일상에서 빈번히 사용되는 단어이기 때문이다. 다음과 같은 문장도 만들 수 있다.

〈B. 민수는 행복했다. 그리고 민수는 아이스크림을 샀다.〉
〈B. 민수는 아이스크림을 샀다. 그리고 민수는 행복했다.〉

아이스크림과 행복함에 대해 말하는 이 두 문장의 의미는 같은가? 아마도 그 의미가 다름을 충분히 느낄 것이다.

〈C. 철수는 된장찌개를 좋아한다. 그리고 민수는 김치찌개를 좋아한다.〉
〈C. 민수는 김치찌개를 좋아한다. 그리고 철수는 된장찌개를 좋아한다.〉

〈D. 철수는 대한민국에 산다. 그리고 민수는 미국에 산다.〉
〈D. 민수는 미국에 산다. 그리고 철수는 대한민국에 산다.〉

이 문장들은 어떤가. 이 문장들은 이전과는 다르게 순서가 바뀌어도 여전히 같은 의미를 갖는다. 우리는 각 문장들이 같은 메시지를 전하는지 다른 메시지를 전하는지 '그냥' 안다. 같은 '그리고' 라는 단어를 사용했지만 A, B 문장은 서로 다른 메시지를, C, D 문장은 서로 같은 메시지를 전하고 있다. 다시 한 번 문장을 읽어보라. A, B 문장은 '그리고' 를 '그리고 나서' 와 같은 사건의 원인과 흐름에 대한 의미로, C, D문장은 앞뒤 문장이 바뀌어도 의미의 변환이 없는 단순한 나열을 위해 사용되었다.

꽹장히 놀라운 사실은! 우리는 별다른 노력 없이도 이 '그리고' 를 언제 어떻게 이해하고 사용해야 하는지 안다는 것이다. 현존하는 어떤 컴퓨터도 '그리고' 가 포함된 문장의 의미를 인간처럼 해독하는 것은 불가능하다.

세 가지 이야기를 모두 전했는데, 이 이야기들은 공통점이 있다. 모두 '그냥 안다' 는 것이다. 세 가지 사례 모두 자신이 직관적으로 어떤 행위는 할 수 있는데 그걸 어떻게 했는지는 모른다. 그리고 여기서 우리는 자신도 기억하지 못하는 사이, 이 같은 기능이 학습됐다는 걸 발견 할 수 있다. 여기서 직관에 대해 한 걸음 더 다가갈 수 있다.

'그리고'의 경우 우리가 대부분 그 쓰임새에 적절하게 사용할 수 있다. 그러나 평범한 우리가 프로 투수처럼 스트라이크존에 자유자재로 공을 꽂아 넣거나, 사례의 경찰처럼 한 눈에 범인을 짐작해내는 건 불가능한 일이다.

우리가 '그리고'를 쓰임새에 맞게 쓸 수 있는 이유는 이 포인트에 대해 이미 학습이 됐기 때문이다. 반대로 우리가 쓸 수 없는 것들의 이유는 그 포인트에 대해 학습이 되지 않았기 때문이다. 우리는 '그리고'라는 단어의 쓰임새를 학습할 수 있는 상황에 항상 노출돼있다. 태어나면서부터 지금까지 우린 지속적으로 커뮤니케이션을 한다. 그것이 간접적이든 직접적이든 말이다. 지금 이 책을 읽을 수 있는 수준의 여러분은 이미 셀 수 없이 많은 '그리고'와의 만남이 있었을 것이다. 다시 말해 이미 차고 넘칠 만큼 '그리고'에 대한 학습 기회가 있었다. 그러나 우리는 아마 단 한 번도 지금처럼 '그리고'의 쓰임새에 대해 생각해 본적이 없을 가능성이 크다. 이는 '인지 단계' 중 인지 수준에서 생각해보지 않았다는 의미이다. 그러나 우리는 저절로 알고 사용한다. 저절로 알게 됐다는 것은, 우리가 인지하지 못한 상태에서 이미 적절하게 이해하고 있음으로 증거 할 수 있다.

이처럼 우리에게 노출되는 수많은 정보 중에는 신기하게도 우리가 노력하여 '인지'하지 않아도 저절로 학습 되는 부분이 있다. 아니 더 정확하게는 오히려 '준인지, 비인지' 수준에서 저절로 학습되는

양이 우리가 실제로 '인지'하는 부분보다 더 크다. 우리는 흔히 우리가 인지하는 것이 전부라고 믿기 쉽다. 왜냐하면 우리가 인지하고 있는 부분만을 우리가 '보고 있기' 때문이다. 이는 어두컴컴한 무대에 단 하나의 스포트라이트가 비추고 있는 것과 같다. 우리가 볼 수 있는 건 스포트라이트가 비추고 있는 빛 안의 대상뿐이지만, 이 무대는 보이지 않는 공간이 훨씬 크며, 지금은 어두워서 보이지 않지만 수많은 인원들이 이 무대의 공연을 성공적으로 이끌기 위해 어둠 속에서 분주히 일을 하고 있다. 당신은 당신이 생각하는 것보다 훨씬 신비롭고 대단한 존재이다.

우리가 경기에 나오는 투수처럼 멋지게 공을 던지고 싶다면 어떻게 해야 할까? 또 베테랑 형사처럼 한 눈에 범인을 알아보려면 어떻게 해야 할까? 눈빛만으로 범인을 알아본다는 표현은 점술의 그것과도 닮아 보인다.

투수는 자신이 공을 던질 때, 내가 정확히 어딜 쳐다 볼 것인지, 발의 각도는 몇 도인지, 다리를 지면으로부터 몇 센티미터 올릴 것인지, 손아귀의 힘은 어느 정도 힘으로 던질 것인지, 어깨 유연성은 어느 정도로 할지, 공을 던질 때 손의 각도를 정확히 몇 도에서 몇 도로 회전시킬지 따위를 '의식적'으로 생각하지 않는다. 그냥 던진다. 수 없이 반복된 훈련을 통해, 투구라는 행위가 직관적으로 가능하기

때문이다. '의식'적으로 생각하지 않아도 이미 '준인지, 비인지'적
으로 학습된 감각이 그것을 가능케 한다. 경찰관의 직관 또한 다르
지 않다.

특정한 맥락 속에서 반복하는 행동이 그 맥락에 대한 우리의 직관
을 형성한다. 특정 맥락 속에서 무엇인가를 경험할 때 우리의 '인지
단계'에서 통찰이 일어나기 때문이다. '어? 자세를 조금 낮췄더니
공이 더 빨라지네?'라는 내용을 '인지' 수준이 아닌 '준인지, 비인
지' 수준에서 학습해 내기도 한다. 다시 말해 직관이 발달하기 위해
서는 목표를 위한 그 맥락 속에서 경험을 반복해야 한다. 타로를 신
비롭게 보이도록 돕는 직관은 이처럼 우리의 인지단계, 특히 준인지
와 비인지 단계에서 일어나는 통찰을 통해 가능하다.

공을 잘 던지고 싶다고? 그렇다면 그냥 던지는 것이다. 될 때까지.
당신의 무의식이 저절로 해낼 수 있을 때까지...

나를 실제로 봤다면, 내가 남자인 것은 그냥 아는 것이다.

03

진화심리학

우리 조상이 돌연변이라고?

우리가 지금 살펴보고 있는 이 신기한 능력은 어떻게 생기게 됐을까? 직관의 뿌리를 발견해내기 위해 진화심리학은 훌륭한 길잡이가 된다.

진화심리학은 찰스 다윈(Charles Darwin)의 '진화론'을 토대로 발전된 심리학이다. 진화론적 관점에서는 생존경쟁에 적합한 것은 살아남고 아닌 것은 도태된다는 내용이 중심이 된다. 포괄적으로는 아주 긴 시간 동안 '유리함'은 살아남았고 '불리함'은 사라졌다는 의미이다. 이름만 들으면 뭔가 아리송할 수 있는 진화심리학이라는 학문으로의 입문은 사실 굉장히 쉽게 가능하다. 이 유익한 학문의 중심은 의외로 조금 단순한 형태를 띠고 있기 때문이다.

찰스 다윈(Charles Darwin)

자, 여기 진화심리학을 관통하는 두 가지 키워드가 있다. 그것은 바로 '생존'과 '번식'이다. 진화심리학 대부분의 내용들은 이 두 가지 키워드를 대입하면 쉽게 이해할 수 있다.

조금 과장해 표현하자면, 진화심리학은 모든 생물이 생존과 번식을 위해 살아왔으며 살아간다고 설명한다. 이 두 가지에 실패한다면? 개체로서는 죽음을 의미하고, 종으로서는 멸종을 의미한다. 개체와 종은 상호 의존적인 관계고, 결과적으론 종의 멸종을 막기 위함, 즉 유전자를 후대에 남기기 위함에서 개체의 존재의미를 찾는다.

생존과 번식의 유리함을 위해 각 종은 필연적으로 '진화'라는 과정을 택하게 되고, 더 유리한 유전자를 후대에 전하려는 역사를 반복해온다. 이 진화의 내용은 종족이라는 거대한 덩어리부터 사회, 그리고 각 개체까지 촘촘한 층으로 모두 깃들어 있다.

지금 살아 있는 것들, 다시 말해 우리가 만날 수 있는 것들만이 긴 세월을 뚫고 진화 전략에 성공한 종들이다. 반대로 역사 속에만 존재하는 우리가 만날 수 없는 모든 생물들은 생존과 번식 전략에 실패했기에 다 사라졌다. 때문에 지구의 역사란 수많은 종들의 생존과 번식, 그 과정에 대한 기록이 될 것이다.

지구상의 모든 생물 중 가장 번성에 성공한 종은 의심할 여지없이 인간이다. 명실상부 만물의 영장이 됐기 때문이다. 이는 인간이 생존과 번식 전략에 있어 그 어떤 종보다 탁월했음을 의미한다. 인간은 지금 지구의 모든 것을 누리고 있지만 그 과정은 어땠을까?

인류가 탄생한 이래 지금까지 시간을 돌아보면 정말 어마어마하게 많은 인간들이 죽음을 맞이했음을 알 수 있다. 그 죽음의 이유 또한 이루 말할 수 없을 정도로 다양하다. 같은 인간에게 죽고, 동물에게 죽고, 자연재해로 죽고, 병으로 죽음을 맞이한다.

죽음은 언제나 불안한 대상이다. 죽음으로부터 자유로울 수는 없다. 너무나도 예측 불가능한 다양한 죽음들로부터 살아남기 위한 확률을 높이기 위해, 즉 '생존'에 유리할 수 있도록 인간을 포함한 모든 생물은 후대에 더 유리한 정보를 전달하기 시작한다. 직접적으로 자손에게 알려주기도 하지만, 유전자라는 녀석을 통해 중요한 정보를 보다 효과적으로 전달한다. 직접 전하는 전자를 좀 더 문화적이라 할 수 있고, 후자를 좀 더 생리적이라 할 수 있다. 이렇게 유전자에 새겨진 '정보'는 개체의 생존 나아가 종의 생존에 결정적 영향을 미친다.

유전자의 정보가 작용하는 곳은 비단 뇌뿐만이 아니다. 육체적인 정보도 포함한다. 처음엔 사족보행을 하던 인간은 이족보행이 가능하도록 진화한다. 진화는 오랜 세월에 걸쳐 조금씩 진행된다. 한순간에 '뿅' 하고 마법처럼 되진 않는다. 이족보행을 하게 된 인간은 다양한 도구 사용에 훨씬 특화된다. 이는 생존과 번식의 면에서 엄청난 이득이 된다. 이처럼 육체적으로 진화된 사례는 인간이 아니어도 그 예시가 널려있다. 새들 중에는 짧았던 부리가 길어진 종도 있고, 없던 다리가 생겨난 종도 있다.

꼭 무엇인가가 추가되는 것만은 아니다. 오히려 없어지는 것도 있다. 이를 퇴화라고 한다. 아직도 우리의 신체나 태아의 초음파 사진을 보면 꼬리의 흔적을 찾을 수 있는데 이로써 인간은 꼬리가 있다가 없어졌음을 알 수 있다. 쓸모없는 기관은 퇴화된다. 인간은 지금의 모습을 갖추기 전, 지금보다 훨씬 머리가 크고 턱이 발달됐었다. 날것, 딱딱한 음식물을 많이 섭취해야 했던 그때는 그것에 맞게 발달됨이 필요했다. 그러나 지금 우리는 음식을 익혀 먹으며 상대적으로 훨씬 부드러운 음식물을 섭취한다. 더 이상 강인한 턱관절과 골격은 필요치 않다. 때문에 머리의 크기는 갈수록 작아지고 있다. 그리고 이 작아진 머리는 진화의 부산물을 우리가 체감할 수 있도록 만든다. 이는 바로 '사랑니'이다. 주변을 살펴보면 사랑니가 나는 사람도 있고, 사랑니가 잠복돼있으나 나오지 않는 경우도 있고, 사랑니가 아예 없는 경우도 있다. 우리는 사랑니가 퇴화되는 진화 과정 그 안에 있는 세대이다.

갑자기 촉발 된 인간의 빛과 같은 발전 속도에 진화는 따라오지 못했다. 때문에 이제 더 이상 쓸모없어진 진화의 흔적들이 상당하다. 우리는 단맛을 맛있다고 느낀다. 단맛을 좇도록 진화된 이유는 그 안에 당이 들어있고 그것을 통해 에너지를 내기 때문이다. 생존이 한없이 불안 했던 그때는 기회가 있을 때 반드시 이 에너지원을 채워야만 했다. 때문에 에너지를 내는 단맛을 갈구하도록 진화된 것이다. 그러나 이제는 더 이상 굶어 죽는 시대가 아니다. 오히려 과도한 영양분으로부터의 위험이라는 새로운 골칫거리가 찾아왔다. 비만, 다이어트 같은 단어들이 훨씬 피부에 와 닿는 시대이다. 인간이 느끼는 맛에 대한 진화도 유전자에 새겨져 후대에 지속적으로 전해질 것이다. 이처럼 퇴화는 넓은 의미에서 진화의 한 과정으로 볼 수도 있다.

진화의 과정 속을 좀 더 들여다보자. 인간은 사회적 존재이다. 개체 혼자의 자원으로는 힘든 번성을 일찍이 사회화를 통해 이루었다. 개인이 사용할 수 있는 비용의 한계를 여럿이 분담하여 생산성을 극

대화 해냈다. 남자는 사냥을 하고 여자는 주둔지에서 음식과 농사를 한다. 비교적 위험한 일은 남자가, 자식을 돌보고 내실을 다지는 일은 여자가, 각자 성별의 특징에 맞게 적절한 업무를 분담한다. 그렇게 인간은 함께 할 수 있는 무리를 만들었고, 무리를 만드는 특성 또한 유전자에 새겨져 후대로 전해졌다. '무리'라 함은, 가깝게는 배우자에서 가족, 나아가서는 부족, 더 크게는 국가 또는 인간이라는 종까지 다양해진다. '같은 무리'라는 추상적 개념은 '함께'라는 개념을 형성하기도, 우리 무리가 아닌 '적'이라는 개념을 형성하기도 한다. 이렇게 '우리'와 '그들'로 나뉘게 된 인간들은 적으로 규정한 또다른 인간을 죽이기 시작한다. 이른바 전쟁이 시작된 것이다. 오랜 시간 힘겹게 대를 이어온 인간의 한 부족이 모두 살해당하는 일은 비일비재했다. 씨가 말린 것이다. 멸망당한 그 부족의 유전자는 더 이상 세상에 존재할 수 없게 된다. 이렇게 서로를 죽고 죽이는 과정이 끝없이 이어져 왔다. 이는 같은 '종'에서조차 진화의 과정과 같은 현상이 벌어진 것이다. 더 우월한 유전자는 살아남고, 더 나약한 유전자는 사라진다. 전쟁에 승리한 인간들은 유전자를 후대에 남길 기회를 얻지만, 전쟁에 패한 인간들은 죽임을 당해 씨가 말렸다. 결국 끝없이 반복된 전쟁 속 최후의, 최후까지 승리하고 살아남은 자들의 유전자. 그 유전자를 이어받은 후손이 바로 우리이다.

국가 대 국가 또는, 부족 대 부족 같은 경쟁구도가 아닌, 부족 안에서의 경쟁 또한 존재한다. 이 역시 피할 수 없다. 부족 안에서도 진화 과정과 같은 현상이 벌어진다. 현재는 힘의 상징이 추상적 물질인 '돈'으로 대체됐지만, 그 옛날에는 날 것 그대로의 힘이 권력의 상징이었다. '번식'을 위해서는 힘이 필요했다. 힘이 있는 수컷은 많은 암컷을 거느리고, 힘이 없는 수컷은 어쩌면 짝짓기의 기회조차 가질 수 없는 경우가 많았다. 예를 들어 한 부족을 거느리고 있는 부족장과 양 팔이 없는 장애를 가지고 태어난 부족원.

부족장이 된다는 것은 그 무리에서 가장 강한 권력을 가졌다는 사실을 의미한다. 부족장이 되려면 나머지 부족원보다 거대한 골격과 근육, 그리고 뛰어난 용맹성이 필요했다. 상대를 언제든지 제압할 수 있는 힘만이 그들을 통제할 수 있게 만들었기 때문이다. 물론 한 부족을 이끌기 위해 기본적인 통솔력과 카리스마가 필요하지만, 무엇보다 당시 우두머리의 필수 요소는 신체적 강함이었다. 우두머리는 부족을 마음대로 할 수 있는 힘을 갖는다. 단순히 제일 강하기 때문이다. 때문에 더 예쁘고 더 건강한 다수의 암컷들을 자신의 배우자로 삼을 수 있었다. 그렇다면 이제 양 팔 없이 태어난 부족원을 보자. 이 부족원은 평생 짝짓기에 대한 기회가 없을 가능성이 크다. 어쩌면 사냥 또는 전쟁과 같은 기능을 제대로 수행할 수 없는 이 남성은 부족으로부터 살해당하거나 버림받을 가능성 또한 크다. 잔인한 현실이지만 이 부족원은 성인이 되기 전에 죽음을 맞이할 것이다.

여성의 입장에서도 부족원이 아닌 부족장을 선택할 가능성이 월등히 높다. 양 팔이 없는 부족원의 아내가 되면 언제 갑자기 죽을지 모르기 때문이다. 때문에 여성은 자신과 자식의 생존을 더 잘 보장해 줄 수 있는 남자를 선택하도록 진화됐다. 또 우두머리의 예를 통해 알 수 있듯이 남자는 번식에 유월한 유전자를 가진 여자, 즉 더 어리고 건강한 여자를 좋도록 진화됐다. 한마디 덧붙이자면 섹스라는 행위가 쾌락을 동반하는 이유는 유리한 번식을 위해서다. 새삼 인간은 동물이라지만, 정말 동물의 이야기를 듣고 있는 것 같지 않은가? 놀랍게도 이 우두머리들이 우리의 조상이다. 이러한 진화의 흔적은 현재에도 당연히 남아있다. 사회에 만연한 외모지상주의, 이는 결코 사라지지 않을 것이다. 왜냐하면 유전자에 새겨진 정보를 통해 그것을 좋도록 진화됐기 때문이다. 깨끗한 피부와 여드름투성이 피부, 우리는 그 중 깨끗한 피부를 선호한다. 왜냐하면 피부에 뭐가 난다는 것은 음식에 든 독소를 잘 해독하지 못함을 의미하기 때문이다. 키가 크고, 좋은 골격 그리고 운동으로 단련된 몸과 작고 왜소한 골격 그리고 뼈만 앙상한 몸 중 큰 키와 운동으로 단련된 몸이 더 매력적인 것은 말할 필요도 없다. 앞서 살펴봤던 우두머리 수컷의 몸이 그럴 것이니까. 다시 말해 예쁘고 건강한 신체는 그 사람이 생존과 번식에 유리한 양질의 유전자를 가졌음을 알게 한다. 이처럼 자연스레 생존과 번식에 유리한 유전자가 전해지도록 그 형태가 만들어졌다.

그러나 결코 이런 이론이 현재에 와서 무언가 부당한 문제들에 타당한 근거로 사용되어선 안 된다. 지금 우리는 더 이상 원시적인 시대가 아닌 이성적이고 합리적인 세상에 살고 있기 때문이다.

직관의 뿌리를 찾기 위해 진화에 좀 더 깊이 초점을 맞춰보자.

무리를 지어 살아가는 인간들에게 무엇인가 새로운 기능을 갖춘 구성원이 탄생한다. 이는 돌연변이의 출현이다(돌연변이설). 어떤 돌연변이는 기존의 구성원과 다르게 눈 하나가 없거나 팔이 없거나 유난히 짧거나 하는 방식으로 태어난다. 그런 방식으로 태어난 돌연변이는 모두 죽었다. 그러나 모든 구성원이 네 발로 걷는데 혼자 두발로 걸을 수 있는 돌연변이, 모두 시야각이 정면으로만 고정돼있는데 좌우 180도로 볼 수 있는 돌연변이가 탄생한다. 이처럼 생존과 번식에 유리한 새로운 기능을 갖춘 돌연변이의 유전자가 후대로 번성한다. 기존의 무리는 점점 도태되어 사라진다. 새로운 세대를 이끈 것은 언제나 돌연변이였다. 다시 말해 우리는 최초 인간이라는 종의 돌연변이, 또 돌연변이의 돌연변이…의 후손이다. 혹시 돌연변이라는 말이 거부감이 든다면, 새로운 기능을 갖춘 인류 정도로 받아들이자.

새로운 기능을 갖춘 인간이라는 것은 비단 신체적인 특성만을 말하는 것이 아니다. 어떤 인간은 기존과 다르게 '불'을 사용할 수 있게 되고, 어떤 인간은 최초로 돌을 깎아 무기를 만들어 냈다. 불을 사용하거나 무기를 만들게 된 인간의 무리는 그렇지 못한 인간보다 생존과 번식에 훨씬 유리해졌다.

한 인간(인류의 조상)이 동물을 사냥하기 위해 쫓고 있다. 이 무리의 인간들은 도망치는 짐승의 뒤꽁무니를 반듯하게만 쫓을 수 있다. 짐승에 대한 추적 능력이 오로지 일직선 밖에 없다는 뜻이다. 그리고 안타깝게도 이 시기의 거의 모든 동물들은 인간보다 빠르다. 이 무리는 어떻게 될까? 다 죽게 된다. 때문에 인간은 진화를 거듭하면서 필요한 지적 기능들을 개발하게 된다. 사냥의 경우 덫을 설치하거나, 여럿이 짐승 몰이를 한다거나, 사냥감의 궤도를 예상해 앞지른다거나, 활과 같은 도구를 사용할 수 있는 수준까지 진화한다. 짐승을 사냥, 추적하는 능력이 보다 세련돼진다.

편의상 유전자를 크게 두 가지가 있다고 해보자. 하나는 선천적 유전자, 다른 하는 후천적 유전자이다. 전자는 태어나면서부터 새겨져 있는 정보, 후자는 부모나 타자로부터 배우고 습득하는 정보를 의미한다. 그리고 나는 이 후자를 '학습'이라 부른다. 〈유전자에 대한 내용은 「이기적 유전자」의 리처드 도킨스가 말하는 '밈'의 개념을 떠올리면 좀 더 유용할 것이다.〉 선천적 유전자와 후천적 유전자는 모두 중요하다. 그리고 나는 지금 전자, 즉 '선천적 유전자'에 대해 말하려한다.

우리는 우리의 경험에 존재하는 가능성에 대한 모든 정보를 다 검열할 수 없다.

불가능한 일이고, 가능하다한들 늦기 때문이다. 그럴 경우 진화 과정 속에서 죽게 된다. 모든 정보를 검열해야만 하는, 아직 진화되지 않은 내가 산속에서 호랑이를 만났다고 가정해보자. 나는 호랑이를 발견하고 고민을 시작한다.

"에에에? 호랑이가 나타났네? 가만 보자.. 그렇다면 지금 내가 할 수 있는 행동이라면, 도망가거나 맞서 싸우거나 죽은 척하거나 삶을 포기하거나 정도 이겠군. 삶을 포기하기엔 아직 아쉬우니까.. 좋아 결정했어! 도망을 가자! 자 이제 도망을 갈 건데... 그렇다면 동쪽 오르막길로 도망갈까, 서쪽 내리막길로 도망갈까, 남쪽 절벽을 타고 오를까, 북쪽 절벽 아래로 뛰어내릴까... 좋아 내리막길로 정했어! 그렇다면 이제 도망가기 위한 행동을 해야 할 텐데, 뛰어갈까, 걸어갈까, 토끼뜀으로 갈까, 낮은 포복, 아니 응용포복으로..."

나는 어떻게 될까? 아마 죽을 것이다. 호랑이한테 죽든 머리가 터져서 죽든. 우리는 이렇게 하지 않는다. 나아가 아래와 같은 고민도 하지 않는다.

"내가 지금부터 걸어 갈 건데, 무릎의 각도를 몇 도로 맞춰서 들까? 보폭은 몇 센티미터로 할까? 속도를 몇 m/s로 갈까? 어떻게 걸어야 가장 나에게 효율적일까?"

그렇다 이건 굉장히 비효율적인 생각이다. 그리고 이건 생존에 너무 불리한 전략이다. 이런 생각에 갇혀 아무 행동을 할 수 없게 되면 진화 과정에서 도태될 수밖에 없다.

그래서 우리 뇌는 이렇게 진화한다. 수많은 선택지에서 가장 빠르게 뭔가를 결정하도록 만드는 것이다. 거의 자동적으로 말이다. 차가 빠른 속도로 나를 향해 돌진해 온다면 생각할 필요 없이 일단 피하고 봐야 한다. 우리 뇌 속에 설치된 기능이 일단 피하도록 자동적으로 작동한다. 이는 우리의 생존을 위한 필수 장치이다. 굳이 인지할 필요 없이 자동적으로 기능하도록 진화되고 그 정보는 '선천적 유전자'에 담아 후대에 전해진다. 우리는 모두 이 기능을 가지고 있다.

우리가 자동적으로 처리되고 있는 모든 과정들을 인지수준으로 떠올려 분석한다면? 우리는 무한한 생각이라는 늪에 빠져 다른 모든 기능이 마비되고 살 수 없게 된다. 때문에 '자동화'에 대한 특성은 진화 과정 속에서 생존을 위해 필연적으로 개발될 수밖에 없었다.

'자동화' 자체는 또 다른 주제로써 그것만으로 책 한 권은 너끈히 넘길 분량을 이야기 할 수 있다. 그러나 우리는 그중 직관이라는 녀석을 만나고 있는 만큼, 항상 곁에 있음에도 잘 몰랐던 이 신비한 녀석의 실체를 다음 파트를 통해 더 자세히 알아 볼 것이다.

04

휴리스틱

호랑이를 만나면 어떻게 해야 해?

앞서 우리는 모든 선택 과정을 알 수도 없거니와, 비교하는 것이 불가능하기에 이러한 직관이 발달했다고 말했다. 그리고

『발생 가능한 모든 상황을 검토하느라 의사결정이 마비되는 것을 방지하는 기능』

을 '휴리스틱(heuristic)'이라 한다. 우리는 모두 이미 이 기능을 갖추고 있고, 휴리스틱은 직관 작동의 원리가 된다. 휴리스틱은 '재인(recognition)'이라는 방식으로 그 기능을 수행하는데, 이는 '다시 인지한다.'는 뜻이다. 즉 우리가 이미 경험했던 사건 속에서 빠르게 상

황을 처리할 수 있는 답을 찾아낸다. 이미 경험했던 사건이라 함은 내가 앞서 언급했던 '학습' 이라는 이름으로 부르는 '후천적 유전자' 로 볼 수 있다.

원시시대에 살고 있는 나는 산속에서 무리의 인원 하나가 호랑이를 만나 잔인하게 죽는 것을 목격한다. 태어나서 처음으로 마주한 호랑이의 모습은 나에게 공포의 경험으로 각인 된다.

며칠 뒤, 다시 산에 오른 나는 저 멀리서 호랑이를 발견한다. 이때 휴리스틱이 저절로 작동한다. 휴리스틱은 호랑이에 대한 재인(recognition)이 일어나게 하고 두려움이라는 반응을 신경을 통해 전달한다. 이는 '준인지, 비인지' 수준에서 자동적으로 일어나기 때문에, 호랑이에게 죽임을 당하는 동료의 모습을 굳이 '인지' 수준에서 반복하지 않아도 된다. 때문에 내가 인지적으로 확인하는 것은 오로지 호랑이를 발견했다는 것뿐이다. 나머지는 모두 자동적으로 작동한다. 호랑이를 발견한 나는 머리칼이 곤두서고 온몸에 소름이 끼친다. 재인을 통해 전달된 '두려움' 의 반응이다. 나는 몸을 낮춰 조심스레 혹은 후다닥 도망을 치게 된다. 나는 호랑이에 대한 '후천적 유전자' 의 정보를 획득했고, 이는 앞으로 호랑이에 대한 나의 대처에, 또한 다른 이들에게 정보를 전달해 무리 전체의 생존확률을 높이는데 도움이 된다. 무리에게 효과적으로 정보가 전달된다면 그 무리는 계속해서 후대에 이 후천적 유전자를 전달하게 된다.

반드시 경험한 것만을 통해 상황을 처리할 수 있다면 그건 한계가 있다. 만약 그래야만 한다면 상황을 처리하기 위해서 반드시 최소한 한번은 해당 경험이 필요하며, 우리가 세상에 존재하는 모든 경험을 다 하는 것은 불가능하기 때문이다. 때문에 휴리스틱엔 이런 기능도 들어있다.

호랑이가 우리에게 위험한 존재였다면! 뭔가 비슷한 느낌을 주는 '사자'도 위험한 것이다. 우리는 호랑이로 끝나는 게 아니라 호랑이로써 사자를 연상할 수 있다. 이는 하나의 경험이 굉장히 다양한 정보로서 작용함을 보여준다. 때문에 활용성의 스펙트럼이 불투명한 각 정보는 때로는 유용하게, 때로는 부작용으로, 때로는 사실로, 때로는 사실이 아닌 것으로 작동한다. 복잡한 우리의 후천적 유전자가 정보 간에 어떻게 관계를 맺고 있느냐에 따라 우리의 관점은 달라진다. 즉 고유하고 복잡한 후천적 유전자의 형태가 개인(personality)을 만든다.

한 번 더 강조하지만, 직관을 가능케 하는 원리가 바로 휴리스틱이다. 이는 신비하지만 결코 신비주의와는 상관없는, 인간이 진화 과정에서 필연적으로 갖게 된 기능이다. 모든 신비한 점술의 비밀은 바로 여기 휴리스틱에 있다. 지난 파트에 나왔던 '그리고'에 대한 이야기를 기억하는가? 우리는 한 번도 생각해보지 않았지만 '그리고'라는 단어를 쓰임새에 맞게 사용한다. 이처럼 휴리스틱은 논리적으로 이해하지 않았어도 자동적으로 작동한다. 그냥 아는 것이다.

때문에 어느 순간 우리는 무엇인가를 갑자기 그냥 알게 될 수 있다. 이는 휴리스틱의 작동을 통해 얻게 된 결과물이다. 복잡한 형태의 휴리스틱이 그 순간 어떤 자극을 통해 결과 값을 알려 준 것뿐이다. 그러나 이것이 일어난 이유에 대해 '신비한 영적 존재의 도움' 같은 의미를 부여한다면? 우리는 오컬트의 문을 열고 그 안으로 입장하게 된다.

이러한 휴리스틱은 과연 어떤 형태를 가졌을까? 휴리스틱을 좀 더 자세히 살펴보자. 휴리스틱은 '재인'의 방식을 사용하고, 각 '정보'는 다양한 스펙트럼으로 사용된다고 말했다. 휴리스틱은 '후천적 유전자', 즉 다양한 정보가 상호적으로 복잡하게 얽혀있다. 그 정보들은 복잡하지만 규칙적으로 형태를 갖춘다. 때문에 '재인'에 기반을 둔 이 복잡하고도 정교한 형태의 휴리스틱은 단 한 가지 사건으로 인해 관련된 다양한 정보에 영향을 미치기도 한다.

우리의 무의식은 휴리스틱의 '경험 속에서 빠르게 답을 찾는 어림셈법'의 특징처럼 빠르고, 규칙적이고, 안정적인 것을 좋아한다. 마찬가지로 무의식의 일환인 휴리스틱도 동일한 특징을 가진다. 휴리스틱은 신속한 일처리를 위해 발생하는 사건에 대한 '계산법'을 만든다. 그리고 같은 계산법이 특정 사건에 반복적으로 사용되고 익숙해질수록 해당 계산법은 더욱 신임된다. 여러 번 효과 본 방법이 우리에게 '정답' 또는 '사실'의 의미로 굳어지게 된다. 그리고 바로 이 계산법이 가진 형태, 즉, '계산 방식', '사건을 처리하는 방식'을 나는 '휴리스틱 패턴'이라 정의한다.

진행된 강의에서 수강생들에게 나의 성별을 맞히는 질문을 던졌었다. 당연한 결과겠지만 수강생 전원이 나의 성별이 남자인 것을 맞혔다. 그들이 내가 남자인 것을 그냥 안 것은 휴리스틱에 의함이다. 휴리스틱이 어떤 패턴으로 이 같은 문제를 해결했는지 살펴보자.

그들은 어떻게 내가 남자라고 확신했을까? 내가 남자라는 걸 어떻게 알 수 있었냐는 질문에 수강생들은 근거를 제시하기 시작했다. 몇 가지 근거가 나왔다.

–짧은 머리. –큰 키. –저음의 목소리.

물론 '인지하지 못한' 휴리스틱 패턴이 더 있겠지만 수강생들은 이와 같은 '휴리스틱 패턴'을 통해 나의 성별을 구별했다고 말했다.

남자임을 알아차리기 위한 휴리스틱 패턴으로 위의 근거가 사용된 것이다.

내가 남자라는 것은 그냥 안 것이다. 굳이 나에게 "당신은 남자인가요?"라고 물어보지 않아도 저절로 알게 되는 통찰이다. 이러한 기능이 작용하기 위해 우리가 인지하지 못한 사이 '준인지, 비인지' 단계에서는 남자임을 체크하는 계산법을 스스로 만들어 냈다. 그 휴리스틱 패턴을 위의 세 가지 근거로써 보도록 하자. 놀라운 사실은 세 가지 근거 모두 여성에게서도 종종 발견될 수 있는 특징이라는 것이다. 이는 정답이 아닐 확률의 존재를 의미한다. 다시 말해 우리는 간혹 성별이 헷갈리는 사람을 목격한다. 우리가 사용하는 휴리스틱 패턴은 유용하지만 결코 완벽하지는 않다. 세 가지 근거 중 '저음의 목소리'는 여성으로서 갖기 어려운 특징이다. 다만 목소리는 '말하기'라는 행동이 있어야만 확인 가능하기 때문에 외형을 보고 성별을 판단한다면, 지금 나온 패턴 중엔 '짧은 머리'와 '큰 키' 정도만 사용된다고 볼 수 있다. 그러나 여성 중에도 짧은 머리나 키가 큰 여성이 흔히 있을 수 있기 때문에, 우리가 위의 두 가지 근거로 휴리스틱 패턴을 썼을 때 성별이 헷갈리는 경우는 충분히 발생할 수 있다. 실제로 간간이 있지 않은가? 길가다 마주친 사람 중에 성별이 쉽게 파악안 되는 사람이 있는 경우가.. 또 인터넷에 종종 올라오는 여장남자들의 사진을 보면 사실을 알려주기 전까진 그들이 결코 남자인지 알

수가 없다. 우리의 휴리스틱 패턴을 속일 수 있도록 완벽히 꾸몄기 때문이다.

휴리스틱의 형태는 사람마다 다르다. 사건에 대응할 때 개인의 경험을 통한 높은 확률 순으로 패턴을 구축하는데, 개인의 경험은 모두 다르기 때문에 고유한 패턴이 만들어진다. 어떤 사람은 성별을 구별함에 있어 '머리칼 길이 -> 큰 키 -> 목소리' 순으로 체크하지만, 또 다른 사람은 '큰 키 -> 목소리 -> 머리칼 길이' 순으로 체크할 수 있다. 또 이를 검증단계로 구별했을 때, 한 가지 패턴 통과를 확신의 근거로 삼기도 하고, 네 가지 혹은 그 이상의 단계를 통과해야만 확신하기도 한다. 단순한 형태로 작동하는 건 아니라는 의미이다.

그리고 여기엔 약간의 함정이 존재한다. 나는 수강생들에게 '내가 남자라는 것을 어떻게 확신 했나요?' 라고 질문했는데 이 질문의 뉘앙스는 수강생들로 하여금 '남자' 라는 포인트에 집중케 한다. 사실 내가 남자인 이유는 다른 맥락을 통해서도 확인 할 수 있다. 예를 들어, 반대로 여자가 갖는 특징의 결여를 통해 남자의 요소를 찾을 수도 있다. 이를테면 '가슴의 발달여부', '메이크업' 같은 것들이 체크 포인트가 될 수 있다.

휴리스틱 패턴을 전부 인지 단계로 꺼내 확인 하는 것은 불가능하다. 준인지, 비인지 단계의 세상은, 우리가 신비하다 느끼는 요소가 존재하는 만큼 인지의 눈으로 뚜렷하게 볼 수 있진 않기 때문이다. 수강생들은 나의 질문에 '머리칼, 키, 목소리'의 세 가지 포인트를 제시 했지만, 방금 언급한 '가슴 발달여부'라는 포인트를 그들이 몰랐던 것은 아니다. 그들 또한 이 계산법을 사용하지만 지금 당장 인지 수준에서 떠오르지 않았을 뿐이다.

비단 이것뿐만이 아닌 우리가 인지하지 못한 무수히 많은 휴리스틱 패턴들이 우리의 무의식에 구축돼있다. 한 가지 사건에 대해서가 아니라 우리가 살아가면서 만나게 되는 거의 모든 사건에 대해서 말이다. 이는 가히 인간의 무한한 능력이라 표현할 수 있을 것이다.

지난 파트에서 나왔던 공 던지는 투수, 공항에서 한눈에 범인을 검거한 경찰도 각각의 휴리스틱 패턴이 존재하고 이를 통해 특별한 효과를 얻는다. 나도 모르게 한 것은 휴리스틱의 작용, 그리고 그것을 어떻게 했는지에 대한 구체적인 방법이 휴리스틱 패턴이다. 또한 여러분은 지금 어쩌면 타로 혹은 점술이 어떻게 작동하는가에 대한 휴리스틱 패턴을 듣고 있음을 알아챌 수도 있다. 다른 비유들을 끌어왔지만 타로도 다르지 않다.

효과적인 식관 발동을 위해서는 이렇게 올바른 휴리스틱 패턴으로 형성된 해당 분야의 휴리스틱이 필요하다. 예를 들어, 성별을 판단하는 휴리스틱 패턴으로 '눈이 두 개인지'라는 계산법을 적용하면 안 되지 않겠는가? 판단의 근거가 잘못되면 우리는 아무런 효과를 보지 못한다. 이를 전문용어로 '삽질' 한다고 말한다.

성별을 파악하는데 '눈이 두 개인지' 는 적합한 패턴이 아니다. 그러나 '눈 두 개의 여부' 라는 판단 기준이 성별을 '못 맞히는 것' 은 아니다. 반드시 기억하길 바란다. 고장 난 시계도 하루 두 번은 맞는다.

타로도 마찬가지이다. 말도 안 되는 휴리스틱 패턴을 사용하면 삽질을 많이 하게 된다. 더 정확하게는 잘하는 사람으로 인정받지 못한다.

1장을 통해 타로 강의의 현주소에 대해 언급했었다. 키워드를 외우는 방식은 실력향상에 그다지 도움이 되지 못한다. 타로 리딩에 필요한 제대로 된 휴리스틱 패턴을 얻을 수 없기 때문이다. 타로카드의 '키워드' 와 실제 타로 '보는 것' 은 다르다. 이는 목적지를 빙빙 돌아가게 만든다.

내가 타로카드의 키워드를 주입식 교육으로 배운 사람이라고 가정하여 예를 들어보자.

타로란 결국 타로카드가 전부 아니겠는가?! 때문에 나는 그 타로카드의 키워드를 믿는다. 타로카드에는 신비한 뭔가가 깃들어 있기 때문에 이는 나에게 어마어마한 걸 알려줄 것이다! 다들 타로카드의 신빙성에 대해 들어보지 않았는가? 엄청나게 잘 맞는다! 진짜다! 책에서 봤다! 타로카드는 분명 어마어마한 비밀이 감춰져 있는 영물이다.

자, 여기 썬(sun)카드가 있다. 썬 카드는 대표적인 긍정카드 중 하나다. 자고로 타로 텔러라면 정방향과 역방향도 꼼꼼히 외워야하지 않겠는가? 썬 카드가 정방향이다. 이는 '겁나 좋음'을 의미한다.

손님이 한분 오셨다. 나는 자신 있다. 키워드를 꼼꼼히 다 외웠기 때문이다. 자신 있게 원 카드 리딩을 한다. 카드는 썬 카드 정방향이 나왔다! '당신은 지금 겁나 행복하다'고 해줘야겠다! 그런데 손님이 들어 올 때부터 표정이 좋지 않았던 것이 마음에 걸린다. 심상치 않은 분위기다. 무슨 일일까?

알고 보니 이 분은 사랑하는 사람을 잃은 뒤 상을 치르고 이곳에 찾아왔다. 큰일이다. 딜레마가 생긴다. 스프레드의 의미와 썬 카드의 키워드를 합쳤을 때 이건 무조건 행복한 의미를 전달한다. 그런데 저 여자는 행복해 보이지 않는다. 오히려 슬퍼 보인다. 어떡하지?... 고민된다.

나는 타로 텔러다! 타로 텔러가 타로를 믿지 않으면 어쩌겠는가? 나는 타로가 전달하는 키워드를 믿는다. 그리고 스프레드와 이 카드의 키워드가 합쳐진 의미는 분명 행복이다. 신비함의 타로카드가 틀릴 일은 없으니.. 아마 저 손님은 그 죽은 사람이 죽길 바랐나보다.. 그래서 나는 결국 이렇게 말한다. "당신은 지금 행복하네요."

썬카드

너무 과장된 설정이라고? 좋다. 조금 과장해서 표현한 감은 있다. 다만 이정도 상황은 정말로 흔하게 일어난다. 나는 이 예시가 개인적으로 참 마음에 든다. 맹신에 빠져 인지부조화까지 일어나는 오컬트적 사고이기 때문이다.

키워드에 갇혀 이같이 말도 안 되는 타로를 보는 경우는 정말 흔하다. 뭐라고 하는지 도저히 이해할 수 없게 혼자 키워드만 읊는 텔러도 많이 봤다. 엄청난 실례가 될 수 있다. 슬픈 사람에게 행복하다고 하고, 행복한 사람에게 사는 게 힘들지 않느냐고 한다면 말이다. 타로 보는 방법은 모른 채 키워드만 외웠으니 안타깝지만 당연한 결과라 생각된다. 타로 카드가 알아서 모든 걸 다 해결해 줄 것 같은가? 그럴 리가..

이 책을 읽는 여러분은 키워드의 함정에 갇히지 않길 바란다. 이 책을 쓰면서 효율성을 높이기 위해 나는 몇 가지 용어를 만들었다. 혹시라도 여러분이 헷갈리는 순간이 온다면 이 같은 키워드, 그리고 용어에 갇히지 않길 바란다. 이는 하나의 모델일 뿐이다. 후에 다룰 내용이지만, 이는 우리가 보다 쉽게 활용하기 위함이지, 그것에 우리가 갇히는 주객전도가 일어나선 안 된다.

명심하라, 우리는 자동차 운전을 하려는 것이다. 문제집을 외우려는 게 아니다.

정리해보자. 우리는 사람이기 때문에, 살아있기 때문에, 필연적으로 뭔가를 계속해서 학습하게 된다.

무엇인가 직접적으로 배우는 교육, 그 과정 속에서 내가 하는 노력, 혼자 사색하고 연구하는 공부, 내가 겪는 모든 경험, 이를 통틀어서 '삶'이라고 칭하겠다. 우리는 삶이라는 자원을 통해 자연스럽게 휴리스틱을 형성한다. 이 휴리스틱은 '재인'이라는 시스템을 통해 다시 '삶'이라는 자원과 관계 맺도록 활용된다. 이 상호관계적인 루프를 통해 우리는 고유한 각자 자신을 만들어 나가고 있다. 우리 각자의 삶이, 우리 각자의 학습이, 각자의 눈으로 세상을 평가하게 만든다.

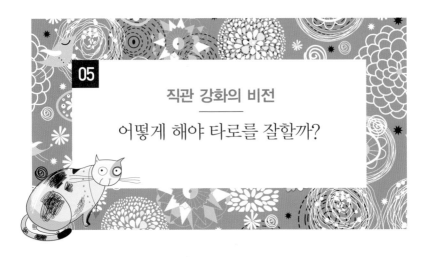

05

직관 강화의 비전
―――――
어떻게 해야 타로를 잘할까?

　　이제까지의 과정을 통해 직관은 어떻게 생겼는 지, 그 원리는 무엇인지 살펴보았다. 그렇다면 이제 새로운 궁금증에 직면한다. 직관은 어떻게 강화시킬 수 있을까?

　내가 이 책을 통해 공개할 직관을 강화시키는 비전은 두 가지이다. 비유하자면 하나는 정공법과 같고 다른 하나는 필살기와 같다. 사실 이는 우리 모두가 살아가면서 경험하고 사용하는 방법이지만, 준인지, 비인지 수준에 있어 뚜렷하지 않은 이것을 인지 수준으로 불러와 함께 살펴보려한다. 이 파트의 지면을 빌려 지금 말하고자 하는 내용은 정공법이다. 지금부터 직관을 어떻게 강화시킬 수 있는지 알아보자.

공을 잘 던지고 싶다. 어떻게 해야 할까? 일단 공을 많이 던져야 한다. 스키를 잘 타고 싶다? 일단 스키를 자주 오래 타야한다. 시험에서 좋은 점수를 받고 싶다? 마찬가지다. 일단 공부를 많이 오래 해야 한다... 이쯤 되면 무슨 말을 하려는지 이해할거라 믿는다.

너무 뻔한 소리라고 생각하는가? 맞다. 우리는 사실 이 단순하고 뻔한 메시지가 진리임을 알고 있다.

직관을 강화시키기 위해서 반드시 필요한 첫 번째 비전은 '경험과 노력' 이다. 이전 파트에서 우리의 직관, 즉 휴리스틱을 성장시키고 강력하게 만드는 자원은 '삶' 에서 나온다고 말했다. 때문에 다른 방법은 존재하지 않는다. 원하는 내가 되기 위해선 원하는 분야의 자원을 구해야 한다. 이는 경험과 노력으로만 채울 수 있다. 혹 다른 방법이 있다고 약을 파는 사람이 있다면... 반드시 의심부터 하자.

자동차 운전을 잘하려면 문제집 공부가 아니라 운전연습을 반복해야한다. 정말이다. 다른 방법은 없다. 너무 당연한 세상 이치이다. 그리고 이것이 진정 '공정' 하다 할 수 있다. 자신이 하는 만큼 성장할 수 있는 가능성이 높아진다. 이 이치는 모두에게 공평하게 작용한다.

이 시점에서 누군가는 "아니! 지금까지 이렇게 복잡하고 장황하게 설명한 게 고작 '하면 된다.' 따위를 말하려고 했다는 거야?!" 라는 오해를 할 수 있을 것 같다. 내가 전하고자 하는바는 그렇게 단순하게 정리할 수 있는 메시지가 아니다. 그러니 부디 끝까지 믿고 함께 해 주길 바란다.

'라포'라는 개념이 있다. 라포란 상호신뢰관계에 대한 용어로, 상담, 교육, 복지, 경영 등 다양한 분야에서 쓰이는 개념이다. 상담에서는 상담사와 내담자간의 라포 관계 형성을 대단히 중요한 과제로 삼는다. 여러분은 이 낯선 개념을 직관적으로 유대감 혹은 친밀감 정도로 이해하면 되겠다. 여기서는 라포라는 개념을 상담분야가 아닌 우리가 만나는 '실력'이 존재하는 모든 분야에 대해 설명하는 도구로 사용하려한다.

우리는 다양한 업종에 종사한다. 어느 곳에서 일을 하든지 눈에 띄는 사람과 그가 흔히 듣는 말이 있다. "와 저 친구 센스 있다." 여기서 말하는 센스는 곧 실력과 연결된다. 라포를 '실력'이라는 단어로 대입해 이해해보도록 하자. 내가 해당분야(휴리스틱)에 얼마나 친밀한가, 얼마나 익숙한가가 곧 전문성의 척도가 되기 때문이다. 기업의 오너 입장에서 볼 때, 채용과정에서 경력자를 선호하는 이유는 그들이 가진 경험 때문이다. 경력자는 이미 자신이 몸담은 분야에 대한 친밀도가 높다. 때문에 새로운 기업에서 일을 가르치는데 훨씬 많은 비용을 절약할 수 있다.

호랑이에 대한 경험이 연상을 통해 비슷한 특징을 가진 사자에게도 대응하는 것처럼, 비슷한 분야의 휴리스틱은 많은 도움이 된다. 운동선수의 경우 종목을 바꾸고 두각을 나타낸 케이스도 많다. 구기 종목의 선수는 다른 구기 종목의 스포츠도 잘 해내는 경우가 많고, 종합격투기 같은 경우 처음부터 종합격투기를 배운 사람보다 대부분 다른 투기종목의 선수들이 넘어와 좋은 성적을 내고 있다. 요는 이렇다. 우리는 업무를 수행해내는 센스를 직관력에 비유할 수 있을 텐데 그러한 직관의 향상을 위해 친해져야 한다는 의미이다. 수많은 휴리스틱 패턴들을 시도해보는 경험을 통해, 자신만의 양질의 휴리스틱을 만들 수 있다.

라포에 대해 한 가지 덧붙이자면, 해당 분야에 완성도 있는 직관을 장착하기 전까지는 천천히 생각해서 시도하는 것이 도움이 된다. 라포를 갖춘 다음에는 오히려 직관적으로 빠른 것이 좋다. 실력을 발휘해야 하는 상황에서, 아직 그에 합당한 실력이 갖춰지기 전이라면 휴리스틱 패턴에 직접적으로 개입해서 도움을 주는 것이다. 내가 사용하고 있는 패턴을 파악하고 수정하고 만족스런 결과 값을 얻을 때까지 새로운 시도를 반복하는 것이 효과적이다. 그러나 이미 나름의 휴리스틱 패턴이 굳어진 상황에서, 휴리스틱 패턴에 개입하게 되면 오히려 평소의 출력 값 보다 떨어질 수 있다. 이제는 익숙한 비유가 된 '투수'를 다시 떠올려보자. 잘 던지고 있는 투수에게 손가락 근육이니, 어깨 힘이니, 허리 회전의 각도 같은 것들을 의식하게 하면, 말짱하게 잘 던지던 투수가 삽질하는 걸 볼 수 있다. 여기서 우리는 완성된 걸 바꾸는 건 쉽지 않음을 떠올릴 수 있다.

이런 것도 알 수 있다. A집단은 '영업, 심리, 언어, 방송, 무속' 관련 종사자들이다. B집단은 '공예, 법학, 공학' 관련 종사자들이다. A집단과 B집단이 동시에 짧은 시간 타로강의를 듣는다면, 어느 집단이 좀 더 타로 리딩을 잘해낼까? 아마도 A집단이라고 예측할 것이다. 왜냐하면 A집단은 이미 다양한 사람들과 접촉경험이 있음을 예측 할 수 있기 때문이다. 많은 사람들과의 경험이 타로 리더로서의 직관에 도움이 됨은 당연하다. 내가 만약 삼성에서 회계업무를 20년 했다면, 현대로 직장을 옮겨 회계업무를 보더라도 무리 없이 잘 해낼 것이다. 때문에 우리는 무슨 일을 시작하든 사실 출발선이 같지는 않다. 같은 여행 가이드 일을 시작하더라도, 매일 집에만 있었던 나와, 수십 번의 해외여행 경험을 가진 친구는 뭔가 다르다.

원하는 기술이 있고 가지고 싶은 나의 모습이 있다면! 그 분야와 친해져야 한다. 친해지려면? 많은 시간을 함께 보내야 한다. 다른 방법은 없다. 사랑의 반대말이 뭔지 아는가? 사랑의 반대말은 분노나 질투가 아니다. '무관심' 이다. 사랑하다 보면 힘들 수도 있고, 싸울 수도 있다. 그것을 두려워마라. 분노와 사랑은 공존할 수 있지만 무관심과 사랑은 공존할 수 없다. 사랑이 바로 빠르게 친해지는 방법이다. 호기심을 가지고 들여다보라. 관심을 가지고 대하라. 기다리지 말고 당신이 먼저 손을 내밀어라. 누군가 나에게 먼저 손 내밀어주기를 기다리듯 다른 이들 역시 마찬가지다. 내가 먼저 손을 내밀 때 상대는 그 관심에 고마워할 것이다. 지금 나는 비단 사람에 대한 이야기를 하는 것만이 아니다. 이 세상은 굉장히 유기적으로 연결돼 있다. 내가 별 상관없는 작은 것부터 호기심을 가지기 시작하는 것만으로, 내 '삶' 이라는 큰 덩어리 자체가 긍정적인 방향으로 발전 할 수 있는 기회가 된다.

코칭, 상담, 심리치료, 자기계발 등등 비슷한 느낌을 주는 다양한 분야가 있고, 이들은 '변화' 를 이야기 한다. 이 책의 내용을 빌어 변화를 설명하자면 이렇다. '그 사람의 휴리스틱 패턴을 바꿔 기존과 다른 휴리스틱이 작동하게 하는 것'

책을 읽는 여러분들 또한 그 방법을 알았으니, 진실로 여러분들이 원하는 변화를 스스로 이끌 수 있길 바란다. 내가 좋아하는 알버트 아인슈타인의 명언을 끝으로 이 장을 마친다.

insanity is doing the same ting over and over again and

expecting different results.

　−어제와 똑같이 살면서 다른 미래를 기대하는 것은 정신병 초기증세이다−

Chapter

03

심화타로

3장을 들어가면서

·······························

'타로에는 정답이 없다' 거의 모든 타로 텔러들이 말하는 바다. 나 역시 동의한다. 타로 리딩은 리더의 역할이 가장 중요하다. 때문에 잘 보는 사람과 잘 못 보는 사람으로 나뉠 수밖에 없다. 정답이 존재하고 달달 외워서 정답을 확립할 수 있다면, 잘 못 보는 사람이 나오기 힘들다. 타로를 잘 못 보는 사람들도 대부분 타로카드의 키워드를 정확히 알고 있다. 같은 공식을 배운 사람들 안에서 실력의 차이가 존재한다.

필기시험이란 딱 그만큼 도움이 된다. 실기시험은 전혀 다른 문제다. 타로에 정답이 없다는 말은 바로 '실기'에 적용되는 말이다. 같은 광대(the Fool)카드를 보고 '축복의 시작'이라고 리딩하든 '준비가 부족한 시작'이라고 리딩하든 틀린 리딩은 없다. 심지어 '희망과 가능성이 넘치는 시작이지만 준비는 좀 부족 했네요'라고 두 의미를 섞어도 무방하다. 잘 본 타로와 잘 못 본 타로란 그 결과로서 갈린다. 그 결과란 상대방의 평가로부터 온다. 상대방의 만족도가 리딩의 '정답' 여부를 결정한다. 정답이 없는 대신, 타로 리딩에 대한 모든 책임은 리더에게 있다. 즉 타로는 키워드보다 '잘 보는 것(정답)'이 더 중요하다. 스프레드 자리의 의미와 타로 카드 키워드의 한정된 세상 속에 갇히게 되면 상대방과 나 사이의 유연성이 사라진다. 마치 무조건 이성을 유혹할 수 있는 확실한 멘트가 있다며 강의를 듣도록 현혹하는 일부 집단과 같다. 그들에게 배운 대로 '나를 사랑하게 된다! 나를 사랑하게 된다!'라고 아무리 잠입적인 최면언어패턴을 시도해도 효과가 없다. 진실은 이미 바로 앞에 존재하는데 엉뚱한 곳에서 진실을 도출해내려 하기 때문이다.

타로는 커뮤니케이션이다. 당신 앞에 있는 클라이언트에게 집중하길 바란다. 모든 답은 이미 상대방 안에 존재하고 있다. 여러분이 자유로운 리딩을 할 수 있길 틀에 박히지 않길 바란다. 이는 타로카드의 의미를 무시하라는 말이 결코 아니다. 그렇게 되면 그 순간 타로가 아닌 것이 될 테니. 나는 다만 유연성을 확보해 더 깊이 리딩 할 수 있는 요점을 강조하고자 한다. 타로에는 정답이 없으니 말이다. 그리고 이 문장에 대해 여러분에게 한 가지 묻고자 하는 질문이 있다. '정답이 없는 건 타로라는 분야뿐일까?' 대단히 중요할 수도 있는 이 질문에 대한 고민은 여러분의 몫으로 남기겠다.

3장에서는 이제까지 살펴본 내용들에 대해 더 다양하고 깊이 있는 주제들을 만나 볼 것이다. 이는 여러분들이 앞으로 타로 리딩을 하는데 있어 그 직관에 유용하게 활용될 휴리스틱 패턴이 될 수 있다. 앞서 배운 '직관'에 대해 떠올리며 타로와 심리에 대해 더 심도 있게 파헤쳐보자.

타로와 직관

사람이 아니라 타로카드가
맞히는 거 아냐?

　　　　　타로는 신기하다. 더불어 타로카드도 뭔가 신
비로워 보인다. 카드는 그 신비한 행위를 가능케 하는 영물처럼 보
이기 때문이다. 타로를 보러 와서 타로카드를 쳐다보는 클라이언트
들의 눈빛엔 호기심이 가득하다. 타로카드와 눈이 마주치는 순간
"오~ 신기해!"라며, 나는 아무 짓도 안했는데 이미 혼자서 신기함의
'상태'에 빠져있는 사람들도 헤아릴 수 없이 많다.

　하지만 이제 우리는 알고 있다. 타로가 신기할 수 있는 이유는 '직
관' 때문이라는 것을... 그럼에도 결국 우리가 만나게 될 클라이언트
는 대부분 오컬트적 기대감을 가지고 올 것이라는 것 또한 짐작할
수 있다. 우리는 오컬트에 빠지지 않고 오컬트를 활용할 수 있다. 이
와 같은 심리적 기능에서 발생하는 요소를 사기꾼들은 범죄에 활용

하는데 우리는 이와 반대로 얼마든지 옳고 선한 일에 사용할 수도 있다.

타로 리딩의 행위가 신기한 이유는 직관 때문이다. 여기서 중요한 포인트는 '타로카드'가 타로 리더에게 직관을 부여하는 것이 아니라는 사실이다. 리딩은 '리더의 직관'으로 카드를 활용해 진행된다. 다시 말해 타로카드가 하는 게 아닌 리더, 즉 사람이 하는 일이다. 타로는 영물이 아니다. 단지 도구일 뿐이다. 리더의 직관활용을 돕는 도구. 이 파트에서는 타로카드와 타로리더의 분리를 목표로 한다.

자, 여기 세상에서 제일 불행한 사람과 세상에서 제일 행복한 사람이 당신에게 타로를 보러 왔다고 해보자. 두 사람 모두 '원 카드 리딩' 스프레드에 'The tower(타워)' 카드가 나왔다. 타워는 타로카드에서 대표적인 액운카드 중 하나다. 보통 정방향이든 역방향이든 불길하고 위험한 의미를 지닌다. 타워는 세상에서 제일 불행한 사람에겐 어쩌면 꽤나 어울릴만한 카드일 수도 있다. 세상에서 제일 불행하기에 온갖 불길한 이야기를 쏟아내도 그는 얼마든지 공감할 수 있을 것이다. 당신은 그저 부정적인 말들만 쏟아내면 그의 과거, 현재 그리고 미래에 대한 예언까지 적중시킬 수 있다. 그의 입장에서 당신의 리딩은 소름 돋게 잘 맞을 것이다. 그리고 희망이 없는 미래 예언에도 '역시나' 하고 순응할 것이다. 타로카드의 키워드와 그 사람의 인생이 잘 일치하는 경우이다. 매번 이렇게 타로카드의 의미와 클라이언트의 상황이 100퍼센트 일치한다면 타로카드는 정말 신기한 영물이 맞을 것이다. 그러나 언제나 그렇지만은 않다. 많은 초보 텔러들이 헤매는 상황도 이와 같다. 타로카드는 분명한 뜻을 내비치지만 직관적으로는 그 뜻이 틀린 것 같은 경우이다.

타워카드

이번에는 세상에서 제일 행복한 사람의 차례이다. 그는 과거에 행복했고 지금도 행복하고 앞으로도 행복할 것이다. 그가 뽑아든 카드는 타워카드이다. 자 어떻게 리딩 해야 할까? 당신은 배운 대로 리딩 할 수 있다. "타워 카드는 사실 좋은 카드가 아닙니다. 오랫동안 유지돼 온 뭔가가 급격하게 변화됨을 의미합니다. 이 탑은 바벨탑입니다. 성경에 나오는 내용으로, 오만한 인간이 신에게 도전하다 멸망 받는 장면이죠. 그림 속 떨어지고 있는 사람들의 복장을 보면 꽤나 화려합니다. 이는 이들이 여태껏 누리는 위치에 있었음을 짐작케 합니다. 이들은 떨어지기 직전까지도 자신 있고 떳떳한 사람들이었습니다. 그러나 결국 어떤 화가 그들에게 미치게 되고, 유독 높은 곳에 있던 그들이 바닥까지 떨어지는 사건은 유난히 고통스러울 것입니다. 그들은 한 번도 바닥이 있다는 걸 생각조차 해본 적 없거든요. 당신은 이제껏 꽤 나 많은 행복을 누렸을 것으로 추측됩니다. 어쩌면 한 번도 힘들어 본 적 없다고 과장해서 표현해 볼 수 있겠네요. 그러나 타워카드는 지금까지 와 는 다른 큰 변화가 있음을 의미합니다. 어쩌면 지금까지와는 전혀 반대의 상황이 펼쳐질 수 있기에, 지금까지 큰 문제없던 당신에겐 안타깝지만 좋 은 미래가 기다린다고 할 순 없겠네요."

결과는 어떨까? 리딩은 훌륭했지만 정답이라고는 볼 수 없다. 다 맞히지는 못했기 때문이다. 왜냐하면 여기서 설정한 이 사람은 '앞 으로도' 행복할 사람이기 때문이다. 우리는 키워드대로만 항상 정답 을 만들어내는 것은 불가능하다. 정답은 클라이언트의 만족이기 때 문이다. 클라이언트의 만족은 긍정적이거나 부정적인 것과 상관없 이 오로지 맞히는 것으로부터 온다.

혹자는 완전히 다 행복한 사람이 어디 있냐며, 타워가 나왔으니 어 떤 식으로든 어떤 크기로든 충격이나 불행이 존재할 수 있다며 반발 할 수 있다. 이들의 논리대로라면 정말 행복한 사람이 식사시간이 미뤄져 한 시간 남짓 배고픔을 경험하는 것도 불행이자 충격적인 사 건이 될 수 있다는 말이다. 이제까지 식사시간은 언제나 제때 이뤄 졌으니 한 시간이나 미뤄진 것은 당신에게 엄청난 사건이라는 것!

여타 카드 보다 '강한' 의미를 상징하는 타워카드가 고작 그 정도로
도 사용될 수 있다는 뜻이다. 혹은 이런 태도로 나올 수도 있다. "아
니 그게 아니고, 내 말 좀 들어봐. 당신이 정말 다 행복하다고? 아니야 사
람은 누구나 불행해! 왜냐하면..."

　이에 클라이언트는 생각할 것이다. '음? 나는 그렇게 생각 안하는
데?' 타로를 보다 보면 클라이언트들의 이 표정을 종종 볼 수 있다.
'뭔 소리지?' 하는 표정. 그 순간 알아차릴 수 있다. 뭔가 잘못 흘러
가고 있다는 것을. 정답(만족)은 상대방에게 있는데, 자신의 주장을
강요하는 것은 억지밖에 되지 않는다. 나만 떳떳하면 뭐하나. 타로
리딩이 직업인데 그 능력에 대한 평가가 부정적인 것만큼 치명적인
일이 있을까. 실력과 영업능력은 비례한다고 본다.

　'아 몰라! 어떤 식으로든 불행한 일이 생길거야' 는 그들의 방식이
끼워 맞추기식이라는 증거가 된다. 그리고 이제 세상은 많이 성숙해
졌다. 사람들은 더 이상 호락호락하지 않다. "그냥 그런 게 있다면 그
런 줄 알아!" 음? 아니, 그런 줄 모른다. 속으로 이렇게 생각하고 말
것이다. '아 괜히 왔다, 돈 날렸네...'

　그렇다면, 세상에서 제일 행복한 이에게 이런 리딩은 어떨까 "타워
카드는 사실 좋은 카드는 아닙니다. 하지만 이는 마치 카드의 이름처럼
당신이 '탑' 그 자체임을 상징합니다. 카드를 한번 바라봐주세요. 카드는

심상치 않은 느낌을 줍니다. 어둡고 번개가 치고 사람들이 떨어지고 있어요. 하지만 보세요. 탑은 무너지지 않았어요. 당신을 해하려 하는 여러 존재가 당신 주변에 도사리고 있지만 탑은 굳건합니다. 당신을 자신의 뜻대로 만들려고 하는 존재(사람)는 또 다른 존재(번개)의 심판과 함께 자멸합니다. 그리고 그 심판은 분명 당신에게도 피해를 줬어요. 보세요. 불이 붙어 있죠? 그러나 우리가 집중할 것은 무너지지 않은 탑이에요. 카드 속에 사람들과 번개는 당신에게 분명 영향을 끼치고 있는 불행의 요소들, 그리고 탑은 그럼에도 묵묵하고 굳건하게 서있는 당신을 상징합니다. 어쩌면 당신에게 일어나는 모든 일이 매순간 분명 행복한 것들뿐이라고는 볼 수 없을 거예요. 붙어 있는 불은, 당신 또한 그것들을 인지하고 판단할 수 있음을 알게 합니다. 가능함과 불가능함을, 옳고 그름을 고민하는 것이죠. 그러나 당신은 어떠한 일에도 굳건히 서 있는 탑과 같습니다. 당신의 중심은 이 모든 것을 안고 갈 수 있는 강한 신념과 같죠. 당신의 주변에선 불행한 일들이 계속해서 일어 날거라 말씀드려야겠네요. 하지만 당신은 언제나 묵묵히 지금과 같은 사람으로 있을 것입니다. 어떠한 사람도, 사건도 묵묵히 감수할 것입니다. 즐겁게 말이죠. 어쩌면 당신의 이 같은 신념이 다른 이들 조차 선하게 변하도록 돕는 계기가 되어줄 수도 있겠네요."

이러한 리딩은 어떨까? 이 글을 보는 모든 타로 텔러가 만족할 수는 없겠지만, 이 상황에 분명 한 사람은 만족할 것이다. 바로 클라이언트. 자신이 겪을 것이라 예상하는, 그리고 실제로 겪을 미래와 일치하기 때문이다. 타로 리딩에 따로 정답은 없다. 맞히는 것이 정답이다.

정답을 만드는 건 카드가 아닌 리더다. 카드는 결코 언제나 정답을 만들어 낼 수 없다. 이는 타로카드가 영물이 아니라는 증거다. 어떤 카드가 나오는가가 아닌, 어떻게 읽는가가 중요하다. 만약 카드에 영적인 힘이 담긴다면, 모든 사람이 타로를 잘 봐야 한다. 같은 영적인 힘을 공유하니 말이다. 그러나 실제로 그런 일은 결코 일어나지 않는다. 이 세계엔 분명 실력이라는 것이 존재한다. 그리고 그를 만드는 것은 얼마나 만족했는지에 대한 사람들의 평가이다.

신점은 어떨까. 우리는 일반적으로 '신'이란 존재를 전지전능한 대상으로 바라본다. 때문에 우리는 알 수 없는 미지의 세계를 살고 있지만 '신'은 신이기에 미지의 세계를 다 알고 있다고 믿는다. 때문에 그 존재만이 알 수 있는 '앎'이 궁금하여 신을 모시고 있는 이를 찾아 미래를 묻는다. 우리는 이렇게 신을 모시고 있다는 이들을 통해 많은 신을 만날 수 있다. 동자신부터 장군신에 이르기까지 매우 다양하다. 그런데 말이다. 그중에는 흔히 말해 '용한' 이가 있고, 그렇지 못한 이가 있다. 우리는 용하다고 소문난 이를 한번 만나기 위해 몇 달이고 흔쾌히 기다린다. 비용이 같다 하더라도 그냥 '아무나' 만나러 가지 않는다. 우리가 신점을 보러 가는 이유는, '그 사람' 때문이라기보다는 그가 모시고 있다는 '신'을 경험하기 위해서이다. 그러나 이 분야에도 역시 실력이 존재한다. 신은 그 존재 자체로 완벽해야 하거늘 어째서 '잘 보는' 이와 '잘 못 보는' 이가 나뉠 수 있다는 말인가. 신의 존재는 논외로 두더라도 어떤 분야에 실력이란 게 존재한다면, 이는 어떤 영적인 힘 때문이라기보다는 개인의 직관 능력 차이라 보는 게 합당하지 않을까? 수학경시에서 항상 1등 하던 친구가 아쉽게도 2등을 했다. 이를 두고 우리는 노력이 부족했다고 말하지, 영적 믿음이 부족했다고 하지 않는다. 이 세계도 다르지 않다. 영적인 힘을 믿으면서 실제로 좋은 성과를 내고 있는 '포춘 텔러'들은 그 영광을 영적 존재에게 돌리지만, 우리는 같은 신경기관으로 구성된 같은 인간이다. 실제로는 그저 해당 분야에 직관이 잘 발달되고 잘 활용하는 것뿐이다. 이는 무의식중에 '그리고'라는 단어의 쓰임새를 남들보다 더 잘 이해하고 활용하고 있는 것과 다르지 않다. 우리는 집을 꾸미기 위해 인테리어 전문가를 찾고, 재테크를 위해 펀드매니저나 자산관리사를 찾는다. 그것과도 전혀 다르지 않다. 실제로 일어나고 있는 일을 냉정히 말해보자면, 사실 신점을 보러가는 우리는 신이 아닌 사람을 만나러 가고 있다.

타로카드는 도구다

타로카드가 없어도 타로를 볼 수 있다고?

나는 현재 작은 카페를 운영하고 있다. 카페 안에는 작은 상담실도 마련돼 있는데, 이곳에서 강의와 상담 등 다양한 작업을 진행하고 있다. 이 카페는 오픈하기 전 약 3개월이란 기간을 거쳐 인테리어를 진행했다. 특이점이 있다면 인테리어 공사를 나 홀로 진행했다는 점이다. 원래 영업 사무실이었던 공간에서 철거부터 시작해 페인트, 바닥마감, 소품 등 모든 과정을 홀로 진행했다. 물론 감사한 도움의 손길들도 있었지만 돌이켜 보면 혼자라는 건 꽤나 무모했었다.

밤낮으로 진행되는 인테리어 작업 속에서 나에게 굉장히 도움을 준 아이템이 있다. 이는 어디서든 손쉽게 구할 수 있는 빨간 반 코팅 목장갑이다. 목장갑인데 손바닥면만 빨갛게 코팅이 된 장갑 말이다.

나에게 이 장갑은 기묘한 애착을 형성하기도 했다.

　누군가에게 사무실에 출근해서 마시는 커피 한 잔이 업무의 시작을 알리는 의식(ritual)으로 작용한다면, 당시 나에겐 이 목장갑이 그러한 의식이 됐다. 이 장갑을 끼우는 순간 오늘 '작업의 시작'인 것이다. 아침에 처음 장갑을 착용할 때는 몸이 살짝 흥분되는 걸 느낀다. 장갑을 끼우는 순간 그날 예상한 작업량을 다 끝내기 위해 머리도 몸도 활발하게 작동하기 시작한다. 그러나 이 의식이 언제나 긍정적이지만은 않다. 유독 밤늦게까지 작업이 이어진 날이 많았는데, 이미 어두워진 밤, 잠시 휴식을 취한 뒤 작업시작을 위해 장갑을 착용하면 이때는 몸이 처지는 걸 느끼기도 한다. 실제로 몸이 피곤하고 지친 탓도 있지만 '이걸 언제 끝내지? 과연 내가 할 수 있을까?'와 같은 부정적인 생각들이 올라오기 때문이기도 하다. 단순히 목장갑을 끼우는 행위이지만 이는 나에게 여러 가지 의미로 작용하게 된다. 그리고 그 의식은 실제로 현실 속 나에게 영향을 끼친다.

　내가 목장갑을 애정 하는 이유는 단순하다. 안전을 돕는 이유도 있지만 무엇보다 더 큰 힘을 낼 수 있게 돕기 때문이다. 들지 못하던 무거운 물건도 장갑을 착용하면 이상하게 들 수 있게 된다. 근력도 근지구력도 향상되는 느낌이다. 징그러워 평소 잡지 못하던 벌레들도 목장갑만 끼면 그 처리가 가뿐해진다. 실제로 장갑의 코팅된 면이 더 큰 힘을 쓸 수 있도록 돕기도 하겠지만, 장갑이 가진 의식의 힘을 통해 나에게 그 이상의 효과를 주는 것이다. 마치 RPG 게임처럼, 아이템을 착용해 힘이 +6 상승한 기분이다.

타로카드 또한 이와 마찬가지이다. 타로카드는 도구다. 더도 덜도 아니다. 그저 사용자의 직관에 도움을 주는 아이템으로 그 역할을 한다. '포춘 텔링' 을 하려는 이에게 그 직관을 쉽게 사용하도록 돕는다. 분명 유용하지만 사실 대단한 것은 아니다. 타로카드는 비유하자면 축구선수의 축구화와 같다. 뛰어난 축구선수라면 굳이 축구화가 아닌 운동화를 신어도 일반인들보다 뛰어난 기량을 선보일 것이다. 물론 축구화를 신으면 더 도움이 되긴 하겠지만.. 마찬가지로 우리는 타로 '카드' 보다 실력, 즉 직관에 집중해야 한다. 자신이 신는 축구화의 제원과 기능을 알고 있으면 어느 정도 도움은 되겠지만 정작 중요한건 그걸 내가 어떻게 활용하느냐. 축구를 하려는 우리는 일단 축구를 할 줄 알아야 한다. 축구의 룰을 모르고, 공을 찰 줄 모른다면 아무리 좋고 비싼 축구화를 신어도 그다지 도움이 되지 않는다. 축구에 실력이 어느 정도 있다면, 축구화를 신고 그라운드를 누비면서 그 가치를 온몸으로 느낄 수 있다. 그리고 이내 자신의 경기력 향상을 위해 축구화를 활용해 낼 수 있게 된다. 뛰어난 축구선수라면, 축구화가 없어도 운동화로, 그마저 없다면 맨발로라도 자신의 실력을 입증할 수 있다.

이는 사실 타로 리딩에 있어 어느 정도 경지까지 도달한 이들이라면 분명 공감 할 수 있는 내용이다. 타로카드가 없어도 충분히 타로를 볼 수 있다. 카드가 없어도 머릿속으로 상대에 대한 카드를 떠올려 놓고 대화하기도 하고, 굳이 카드를 떠올리지 않아도 상대를 보는 순간 '그냥' 알아지는 것들도 있다. 그런 상태로 상대에게 '포춘 텔링'을 한다면, 말의 '드리블'을 얼마나 현란하게 하느냐에 따라 상대로부터 마치 타로 텔링을 할 때와 같은, 혹은 그 이상의 반응을 만날 수 있게 된다. 타로카드 없이 포춘 텔링 하는 이 장면을 한번 상상해보라. 이는 영락없이 신점의 그것과 같아 보인다.

타로 '카드'는 신기한 게 아니기 때문에 우리는 카드를 쓰는 목적, 즉 본질에 집중해야 한다. 특별한 경우를 제외하면 일반적으로 타로를 리딩하는 우리의 목적은 '가벼운 상담 포지션'이 된다. 우리는 타로를 보러온 이들을 위해 어느 정도의 위안, 그리고 자신의 미래를 위해 조금 더 유용한 선택을 할 수 있도록 격려할 수 있다. 타로로 그 이상을 개입하려 하거나 진지한 '심리' 상담의 도구로 활용되는 것에 대해 나는 회의적이다. 개인적 이득을 위해 상대방으로부터 무언가를 갈취 하려 타로를 사용하는 것은 말할 것도 없고, 나아가 타로를 기반으로 깊숙이 개입되는 상담 또한 일어나선 안 된다고 본다.

타로와 심리 상담이 섞일 수 없는 한계는 대부분의 경우 오컬트적 사고로부터 완전히 자유로울 수 없기 때문이다. 만약 타로로 심리 상담을 진행할 경우 타로와 오컬트를 완전히 분리해야 할 필요가 있다고 본다. 그러나 타로와 오컬트의 상관관계에 대해 설명하는데도 시간적 비용이 많이 소모되며 아무리 자세히 설명해도 '에이.. 그래도 뭔가 있지 않을까?' 라는 생각을 갖는 경우가 대다수이다. 상담이 잘 이뤄졌다한들 중요한 문제는 사라지지 않는다. 이는 상담 후 자신이 좋아진 이유를 타로카드로 귀결시킬 가능성이 크다는 점이다. 이는 그 결과가 담백하지 못함을 의미한다. 상담을 통해 좋은 결과를 얻은 내담자는 이후로도 타로카드에 의존할 가능성이 농후하다. 이는 꿩 대신 닭인 꼴이 된다. 심리 상담과 타로 리딩을 둘 다 하고 있는 입장으로서 안타깝게 생각하지만 이 둘의 분리는 그만큼 냉정할 필요가 있다고 본다.

다시 도구로서의 타로로 돌아가 보자. 대부분의 타로리더는 클라이언트가 뽑은 카드에 대해 '이 카드가 왜 나왔을까?' 를 고민하며 그 의미를 찾는다. 틀렸다! 관점을 달리해야 한다. '이 카드로 저 사람에게 어떤 의미를 줄 수 있을까?' 혹은 '이 카드와 저 사람을 어떻게 연결할 수 있을까?' 로 바뀌어야 한다. 카드는 단순히 뽑았으니 나온 것이다. 어떤 의미를 가지고 나타난 게 아니다.

이렇듯 '카드'가 목적이 되어선 안 된다. 카드는 카드가 가진 휴리스틱 패턴을 통해 리딩을 보조해주는 역할을 한다. 애초에 '상징'이란 내가 사용하기 편하라고 둔 것이지 그것에 갇히라고 있는 것이 아니다. 주객전도가 돼선 안 된다. 리딩이 아닌 카드가 목적이 될 때 인지부조화 현상이 잘 일어난다. 카드를 키워드대로 보고 잘 맞으면 강화가 된다. '와, 내가 이걸 맞췄네? 이게 맞는 거구나!' 문제는 틀렸을 경우이다. 키워드대로 봤는데 틀릴 경우 인지부조화가 일어난다. '틀렸네? 이건 내가 잘못 한 거야. 더 열심히 해야 되겠어!' 라며 자기합리화 하거나 찾아온 클라이언트에게 도리어 당신이 아직 이 리딩을 받아들일 상태가 아닌 것 같다 라며 비난하게 된다. 물론 '열심히' 는 대단히 중요한 자질이지만, 한 끗 차이로 헤어 나올 수 없는 '삽질' 의 늪에 빠뜨리기도 한다. 안타깝게도 그런 식으로 '열심히' 는 세상에 통하지 않는다. 이는 자기학대일 뿐이다. 때문에 우리는 정확한 폼을 위해 휴리스틱 패턴에 집중해야 한다.

타로는 정해진 답이 없기 때문에 이렇게도 저렇게도 읽을 수 있다. 어디까지나 리더의 역량과 책임에 달려있다. 우리는 우리를 찾는 클라이언트에게 긍정적인 영향을 줄 수 있는 기회가 많이 열려있다. 물론 반대로 부정적인 영향을 끼칠 기회도 많이 있지만, 나는 여러분들이 당신을 찾은 클라이언트를 위한 리딩을 하길 소망한다. 일반적인 의미의 타로 리딩은 말 그대로 타로에 나온 결과를 읽어주면 끝이지만, 거기서 한 발짝 더 나아가 긍정적인 제안을 건넬 수 있길 바란다. 리딩이 성공적이었다면 클라이언트의 마음은 '열려' 있을 것이고 이는 당신의 제안을 조금 더 잘 받아들이는 상태임을 의미한다. 이때 클라이언트를 위해 순수한 의도로 건네는 당신의 제안은 온전히 그 사람을 위해 쓰일 수 있다. 어쩌면 당신의 마지막 말 한마디로 인해 상대방은 불만족스러웠던 지금까지와는 다른 전혀 새로운 삶을 시작하게 될지도 모른다. 제안을 받아들인 것도 변화를 위해 실제로 행동하는 것도 상대방이지만, 당신은 타로 리더로서 어쩌면 그러한 기회를 제공할지도 모르는 아주 멋진 일을 할 수 있다. 우리가 잡은 칼은 누군가를 해치는 일에 사용될 수도 있고, 또는 누군가를 지키는 일에 사용될 수도 있다.

지난 파트에서 세상에서 제일 '불행'한 사람에 대한 리딩을 살펴봤다. 그 불행한 사람에게 같은 카드로 또 어떻게 리딩 할 수 있을지, 짧은 예시로 이 파트를 마친다. 타로는 이런 도구로서 활용 될 수도 있다.

"타워 카드는 사실 좋은 카드가 아닙니다. 때문에 이 카드만 보더라도 지금까지 당신의 삶이 어땠을지 짐작이 가는군요. 어쩌면 당신의 인생은 실패와 좌절의 연속이 아니었을까 추측됩니다. 그것들의 반복 속에서 지친 지금 당신의 모습은, 우울함과 무기력함이 느껴지네요. 나아가 미래에 대한 희망도 기대도 느껴지지 않아요.. 그런데 말이죠. 카드를 다시 한 번 볼게요. 타워 카드는 오랫동안 유지돼 온 흐름이 큰 변화를 맞이할 때 나오는 카드입니다. 공 들여 오랫동안 쌓은 탑이 무너지고 끝나는 장면이에요. 당신이 지금까지 공들여 쌓아 올린 탑은 사실 당신에게 좋은 방향으로 작용하지 못했었죠. 타워 카드는 긴 시간 끊어 낼 수 없었던 악연이 드디어 끝나게 됨을 이야기 하고 있습니다.

이제 무너질 헌 탑은 훌훌 털어 보내고 새로운 탑을 쌓을 때가 됐습니다. 이건 어떤 계기가 찾아오는 것일 수도 있고, 당신 스스로가 계기를 만들어 내는 것일 수도 있습니다. 타워 카드는 타로카드 중에서도 유독 강한 힘을 가집니다. 때문에 제가 보기에 이건 정말 좋은 기회 같아요. 새 탑을 쌓으세요. 이번에 새롭게 쌓아 나갈 탑은 당신이 정말 원하는 삶의 탑이길 진심으로 바랍니다."

휴리스틱 패턴의 적용

에베레스트 정상에서 비키니를 왜 찾아?

지금까지 포춘 텔링 분야에 존재하는 '실력'의 비밀은 직관에 있음을 강조하며 타로카드의 역할이 직관 활용을 돕는 도구임을 밝혔다. 계속해서 직관에 대한 세부사항을 살펴보다보니 상대적으로 타로카드는 소외된 느낌이 있다. 때문에 타로의 역할에 대해 조금 강조할 필요가 있다고 느낀다. 우리가 하려는 것이 타로 리딩이라면 우리는 기본적으로 타로카드에 대해 알고 활용할 수 있어야 한다.

그렇다면 도구로써 타로카드는 어떻게 리더에게 도움을 줄 수 있을까? 타로카드에는 수많은 의미가 부여돼있다. 우리는 이러한 각각의 의미를 지닌 78장의 카드를 서로 연결시켜 무한한 의미를 창조해 낼 수 있다. 이 파트에서는 타로카드가 지니고 있는 의미, 즉 어떤 휴리스틱 패턴을 가지고 있는지 알아보도록 하자.

　원시시대의 인류에게 세상은 온통 두려움과 공포의 대상이었다. 인류는 살아남기 위해 두려움의 대상에 대해 알 수 있기를 원했다. 당신이 태어나서 단 한 번도 가보지 못한 끝없는 사막 한 가운데 알몸으로 서있다고 상상해보라. 인간은 이같이 자신이 어디에 있는지 모르는 불확실한 공간에 대한 공포를 해결하기 위해 지도를 만들었다. 또한 시간에 대한 공포를 해결하기 위해 시계와 달력을 만들었다. 지금 이 순간, 이세상의 모든 시계와 달력이 사라졌다고 생생하게 상상해볼 수 있다면 이글을 읽는 당신도 어쩌면 색다른 공포감을 느낄 수 있을 것이다.

　이처럼 인류는 세상을 이해하기 위해 존재하는 것들에 하나씩 이름을 붙이게 된다. 세상이 밝아지고 어두워지는 것에는 낮과 밤이라는 이름을 붙이고, 많은 물이 모여 있는 곳에 바다와 강이라는 이름을 붙인다. 대상이 이름을 가지면 우리는 그것에 더욱 관심을 가질 수 있게 된다. 그 관심은 밤 혹은 낮이라는 녀석이 어떤 녀석인지 관찰하고 시험할 에너지를 불러일으킨다.

　우리가 이름을 붙이고 관심을 갖는 이유는 간단하다. 그것이 나에게 도움이 되는지 혹은 위협이 되는지 알기 위해서이다(생존, 번식). 그중에는 비록 도움이 되지 않을지라도 적어도 나에게 해를 끼치지 않을 것임에 대한 확답이 필요한 것들도 있다. 그래야만 계속해서 그곳을 바라보며 경계하고 두려워하고 있는 우리의 마음이 편히 쉴 수 있기 때문이다. 우리는 안전하길 원한다. 때문에 이미 일어나고 있는 세상의 현상들에 대해 계속해서 이름을 붙이고, 관심 갖고, 연구하는 일을 반복해 나가고 있다. 이처럼 원시의 인류 그리고 현재의 우리 모두 진정 세상을 알 수 있길 원한다. 우리는 이름 붙인 대상에 대해 친해질수록 그리고 그 대상이 우리의 예상을 벗어나지 않을 때 더욱 더 안전하다고 믿는다. 이처럼 인간의 관심이 된 대상들 중에는 같은 '인간'도 있다.

다른 것들과 마찬가지로 우리는 '인간' 또한 알 수 있고 예측하길 원한다. 때문에 인간이라는 '현상'을 이해하고 설명하기 위한 수많은 관점들이 생겨났다. 각 관점들에는 저마다의 기준이 존재하고 그 기준을 중심으로 각각의 휴리스틱 패턴이 성립된다. 그러한 관점들은 하나의 이론 또는 법칙이라는 이름을 갖게 되고, 이름을 가졌다는 것은 사회적으로 같은 지식을 공유하는 일종의 약속을 의미한다. 이 약속은 힘을 갖는다. 그리고 같은 약속을 공유한 사회의 규모가 커질수록 그 힘은 더욱 성장한다.

타로카드 또한 그 약속을 통해 힘을 갖는다. 타로카드는 표면적으로 크게 두 가지의 휴리스틱 패턴을 지니고 있다. 첫 번째는 각각 카드에 부여된 의미, 두 번째는 타로카드에 전체적으로 부여된 의미이다. 첫 번째로 각각 카드에 부여된 의미란, 카드에 그려져 있는 그림에 담긴 여러 가지 상징을 뜻한다. 그렇다. 이는 바로 '키워드' 와 연관이 있다. 각각의 그림을 통해 여러 상징들을 설치해 놨는데 이를 통해 키워드를 추출한다. 상징은 키워드와 달리 그 의미를 쉽게 한 단어로써 정리하기 힘들다. 때문에 사람들은 상징을 해석한 키워드를 선별해내고, 타로를 배우고자 하는 이들은 상징에 접근하는 것이 아닌 키워드를 달달 외우는 오류를 범하게 된다. 키워드는 마치 딱딱한 공식과 같아서 정확히 맞아 떨어지는 상황이 아니면 그것을 활용하는 유연성을 작동시키기가 어렵다. 카드를 많이 뽑는 스프레드에서는 더욱 그렇다.

타로를 리딩 하기 위해서 각 카드에 설치된 상징을 이해할 것을 추천한다. 물론 추출된 키워드 또한 살펴보는 것도 도움이 된다. 단 '타로 보는 법' 을 먼저 이해 한 뒤, 키워드를 공부하길 추천한다. 부디 키워드의 지옥에 갇히지 말라. 타로 리딩을 단순한 '키워드 연결 게임' 으로 보지 않길 바란다. 키워드에 대한 자세한 정보는 여타 서적이나 인터넷 자료를 통해서도 충분히 엿볼 수 있다. 때문에 이에 대한 더 이상의 자세한 설명은 생략한다.

두 번째, 타로카드에 전체적으로 부여된 의미에 대해 이야기해보자. 이는 모든 타로카드에 걸쳐 연결성이나 고유성을 부여한 상징을 의미하는데 순수한 타로카드로써의 성격이 아닌 다른 특질이 섞인 느낌이 나는 점성이나 수사학 같은 부류는 제외토록 하겠다. 수사학의 경우 타로 본연의 상징에서도 충분한 의미를 갖지만 수사학 자체의 특성을 끌어와 타로에 접목시키는 경우가 많아 제외한다.

타로카드에 전체적으로 부여된 상징은 네 개의 원소 검(sword), 동전(pentacle), 성배(cup), 몽둥이(wand)이다. 타로는 세상을 바라보는 구성요소(tool)로서 이 네 가지를 채택했는데, 각 원소는 마치 '키워드' 처럼 단편적인 정의 보다는 '상징' 으로서 접근하는 것이 유용하다. 상징은 다양한 상황에 유연하게 대입가능하다. '빠르기' 에 대해서라면 '검' 은 바람(공기), '몽둥이' 는 불, '성배' 는 물, '동전' 은 흙으로 그 순서를 정할 수 있고, '성격' 이라면 이성적(검), 감성적(성배), 즉흥적(몽둥이), 계산적(동전)으로 연결 지을 수 있다. 혹은 다른 이론인 '애니어그램' 의 머리형(검), 가슴형(성배), 장형(몽둥이), 균형(동전)과 같은 식으로도 얼마든지 활용이 가능하다. 네 원소는 단순히 한 가지 키워드로 정의하기 힘들다보니 타로를 배우는 사람들이 가장 어려워하는 부분이 '코트카드' 의 해석이기도 하다.

기본적으로 타로는 이같이 카드에 여러 상징적의미를 부여하고 이를 리더가 자유롭게 활용할 수 있도록 만들어졌다. 강조하건대 이는 어디까지나 부여된 의미, 즉 약속이다. 더 중요한 것은 이를 어떻게 활용하는가이다. 그렇다면 타로는 도구로서 어떻게 그 역할을 할까?

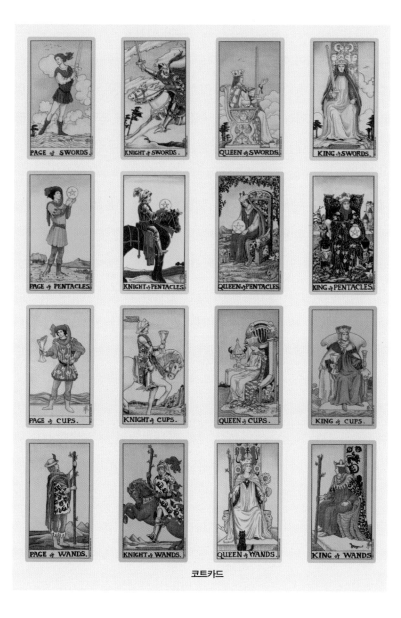

코트카드

타로카드는 그 자체로 하나의 휴리스틱 패턴을 지닌 도구다. 기타, 다른 포춘 텔링이 아닌 타로 텔링을 해내기 위해선 타로카드가 가진 휴리스틱 패턴과 타로리더의 휴리스틱 패턴(직관)의 조율 과정이 필요하다. '조율'이라 표현했지만, 이는 어디까지나 훈련과 습득의 영역이지 영적인 내용과는 전혀 상관없다.

타로와 '친해'지고 직관을 활용할 수 있다면, 타로는 도구로써 엄청난 시너지를 발휘하게 된다. 직관과 타로의 조율은 실제 리딩 장면에서 이렇게 활용된다. 첫 번째, 처음 대면한 상대방에 대한 정보를 직관을 통해 인지, 준인지, 비인지 수준에서 받아들인다. 두 번째, 카드를 뽑고, 뽑힌 타로카드는 무한한 가능성의 정보들을 리더에게 제공한다. 세 번째, 타로의 무한하게 해석 가능한 메시지가 직관을 통해 상대방과 연결 가능성이 높은 메시지로 추려진다. 날카로운 리딩이란 바로 이 과정을 통해 가능하다. 직관의 메시지와 타로의 메시지가 더해져 하나의 포괄적인 메시지를 도출해낸다. 네 번째, 추려진 높은 가능성의 메시지를 상대방과의 커뮤니케이션, 즉 이번에는 상대방과의 조율을 통해 리딩을 진행한다. 상대방과의 조율이란 리더가 도출해낸 메시지가 틀릴 수도 있다는 가능성을 전제한다. 차후에 더 다룰 내용이지만, 이때 타로리더는 틀린 리딩의 방향을 상대방에 맞춰 수정할 수 있는 능력이 필요하다. 상대방과의 조율을 통해 보다 예리하고 정확한 리딩이 가능해진다.

이 과정을 비유하자면 직관은 뚜렷하지 않은 풍경의 실루엣과 같고 타로카드로 만들어 낼 수 있는 메시지는 돋보기로 확대한 이미지의 단편들과 같다. 우리는 커피숍이라는 실루엣에 야생 호랑이를 연결시키지 않으며 에베레스트 정상이라는 실루엣에 비키니 수영복을 떠올리지 않는다. 커피숍에 좀 더 자연스럽게 연결될 것들은 앞치마와 원두 같은 것들이다. 보다 날카로운 리딩은 이러한 가능성에 대한 민감함에서 온다. 커피숍에 커다란 '화이트보드'는 '생소'하지만 가능성이 없는 건 아닌 것과 같다. 뽑은 카드를 통해 만들어 낼 수 있는 무수히 많은 메시지 속에서, 발달한 직관은 이러한 가능성 세계에 보다 민감하게 반응한다. '생소'하지만 충분히 가능성 있는 연결을 발견해 내는 것이 날카로운 리딩을 가능케 한다.

키워드만 좇는 발달하지 못한 직관은, 울창한 산속에서 고래를 이야기하고 깊은 바다 속에서 코끼리를 이야기하는 오류를 범하게 된다. 이처럼 타로카드는 도구로서 미처 생각하지 못한 '화이트보드'를 떠올리게 도와주며, 직관은 전체적인 그림을 그릴 수 있게 돕고 생뚱맞은 '호랑이'는 걸러낸다.

나아가 직관이 더욱 발달한다면. 타로 텔러가 타로 없이도 그 수준만큼의 리딩을 할 수 있게 된다. 당연한 말이지만, 내가 처음 손님을 받았을 때의 느낌과 오랜 경험 속에서 시간이 지난 지금, 손님을 받을 때의 느낌은 천지차이이다. 가끔은 손님이 자리에 앉는 순간 그 사람의 인생이 나에게 한 번에 들어오는 경험을 하기도 한다. 이 파트를 통해 '직관' 과 '도구' 의 얼굴이 조금 더 선명해졌길 소망한다.

정통타로

그렇다면 그런 줄 알아?

한 여자가 허름한 천막 안으로 들어선다. 들어서자마자 익숙한 향냄새 같은 것이 코끝을 찌른다. 고개를 들어 어두운 천막 내부를 살펴본다. 천막 안은 밖에서 볼 때 보다 더 넓은 것 같은 느낌을 준다. 다양한 빛깔을 내는 구슬들이 놓여 있고, 오래된 듯 보이는 허름한 책들이 곳곳에 쌓여있고, 천막 구석에 앉은 검은색 고양이가 신비로운 노란색 눈으로 여자를 노려보고 있다. 내부가 어두운 탓에 고양이의 형체가 뚜렷하지 않은데 고양이의 노란색 눈만큼은 더 밝게 빛나는 듯 느껴진다. 정면 한 가운데에는 두 사람이 마주보고 앉을 수 있도록 테이블과 의자가 배치돼있고, 그 한 편에는 머리에 후드를 덮은 노파가 앉아 이쪽을 쳐다보고 있다. 노파의 얼굴이나 천막 내부의 전체를 뚜렷이 가늠하기가 힘든데 이는 테이블 위에 놓인 몇 개의 촛불에서 나오는 은은한 빛이 천막안의 유일한 빛이기 때문이다. 이곳에서 그나마 제일 밝은 테이블 위에는 어느덧 노파의 손이 올려 있고 노파의 그 손끝에는 타로카드가 놓여 있다. 여자는 노파를 마주 보고 딱딱한 의자에 앉는다. "사랑하는 남자가 있습니다..." 라며 시작된 여자의 말이 한동안 이어진다. 여자의 말을 요약해보자면 이렇다. 사랑하는 남자가 있고 둘은 결혼을 약속했는데 남자의 부모님이 둘의 결혼을 반대하고 있는 상황이다. 완고한 부모님을 설득하기 위한 둘의 노력은 지난 1년간이나 지속됐고, 이제 여자는 몸도 마음도 지친 상태에서 자신이 어떻게 해야 할지 몰라 이곳을 찾은 것이다. 한참 동안 자신의 상황을 설명하는 여자의 눈에는 어느새 눈물이 맺혀있다. 여자의 눈물은 그녀의 지난 고생을 어렴풋이 가늠하게 한다. 이윽고 여자의 말이 모두 끝났다. 그리고 이제 테이블 위에는 몇 장의 타로카드가 펼쳐져 있다. 여자의 말이 끝난 뒤에도 한동안의 침묵이 이어진다. 얼마간의 시간이 흐른 뒤에야 비로소 노파가 입을 연다. 노파의 말은 짧고 간결하다. "이제 그만 그를 놓아줘. 둘은 인연이 아니야." 노파의 말을 들은 여자는 한참을 흐느낀다. 흐느끼는 여자의 얼굴에선 노파의 말을 수긍한 기색을 느낄 수 있다. 잠시 후 감정을 추스른 여자는 마음속에 새로운 결심을 품고 자리를 떠난다.

전통 혹은 정통타로 리딩의 초기 형태는 어땠을까? 본래 정통타로는 사실 '맞히기 게임'이 아니었다. 오히려 '예언'의 형태에 가까웠다. 지금과는 다르다. 상담 받길 원하는 상담자들은 타로 리더라는 존재 자체를 어렵게 대했으며, 지금처럼 '맞히기'식이 아닌 상대방으로부터 충분히 정보를 듣고 상황을 이해한 뒤 예언자로서 상담자의 미래를 점지해주는 식이었다. 때문에 본래 정통타로는 리더가 굳이 말이 많을 필요가 없었다.

당시 '포춘 텔러'는 그 자체로 권위를 충분히 획득할 수 있는 위치였다. 무슨 말인가 하면 신비한 '뭔가'를 알고 있는 포춘 텔러는 일반인들이 느끼기에 비범하고 범접하기 어려운 존재였다. 이는 떠올려볼 때, 포춘 텔러와 상담자가 동등한 위치에서 서로 가치를 교환하는 그림이 아닌, 상담자가 아래에서 손을 뻗어 텔러에게 도움을 청하는 그림에 가깝다. 당시의 분위기는 포춘 텔러들을 '신'과 소통할 수 있는 존재라 믿기에 절로 경외의 대상이 됐다.

물론 현재에도 여전히 이와 같은 권위의 힘이 활용되고 있다. 이러한 권위의 힘을 이해하기 위해서는 쉽게 무속인의 모습을 떠올리면 된다. 무속인들은 이러한 힘을 십분 활용해 분위기의 흐름을 자신에게로 속박한다. 대표적인 예로 '반말'을 떠올릴 수 있다. 대부분의 무속인들은 처음 만난 상담자에게 '반말'과 함께 무서운 '눈빛'을 사용한다. 우리나라에서는 처음 만난 성인에게 반말을 사용하는 건 일반적인 규약이 아니다. 그러나 무속인들은 상대의 나이와 상관없이 당당하게 반말을 사용한다. 우리는 이같이 일반적이지 않은 상황을 맞닥뜨리게 되면 '혼란'을 겪게 된다. 이때 안정적인 태도로 상황을 이끄는 이가 있다면 우리는 그를 따라갈 수밖에 없게 된다. 또 반말은 '내가 너보다 윗사람이다'라는 잠재적 메시지를 상대방의 무의식에 전하게 된다. 그리고 그러한 균형을 유지한 대화가 지속될수록 그 메시지는 더욱 강력하게 새겨지게 된다. 무속인들은 다양한 방법으로 이러한 '권위'를 획득하게 된다. 상담자에게 친근하고 만만하기 보단 무섭고 어려운 존재로 자신의 프레임을 설정한다. 이는 상담자로부터 'why?'를 차단하는 효과를 갖는다. '내가 모르는 뭔가가 있겠지...'라는 생각은 초면에 '반말' 같은 일반적이지 않은 상황도 쉽게 허용하게 만든다. 더불어 우리는 점쟁이가 알려주는 명령 섞인 조언에 "왜 그렇죠?"라고 진지하게 물어보지 않는다. 그 순간 씬(scene)을 지배하는 건 바로 'a.k.a 신' 님인 것이다.

정통 타로리더는 영적 능력자들과 비슷한 대우를 받았는데, 때문에 '리딩'은 온전히 리더의 몫이었다. 상담자들은 리더가 도출해낸 리딩에 대해 '감히' 의문을 제기하지 못했다. 당시에는 이성적인 근거 없이도 '그렇다면 그런 줄 알아!'의 방식이 충분히 효과를 냈었다. 물론 현재에도 이 전략은 곳곳에서 꽤나 유효한 성적을 거두고 있다. 그런데 여타 포춘 텔링처럼 권위적이었던 타로는 현재에 와서 그 권위가 많이 약해졌다.

타로리더가 권위적 프레임을 사용하기 어려워진 이유는 크게 두 가지로 볼 수 있다. 첫째로 사회가 점차 성숙한 사고를 발전시켜 나가면서 우리는 상대방에게 합리적인 '왜?' 를 요구하게 됐다. 그리고 둘째, 타로카드는 그 접근성이 굉장히 유리하도록 대중화에 성공했다는 점이다.

정통타로에 비해 보다 많은 사람들의 '참여' 로 타로는 과거에 비해 훨씬 친숙해졌다. 수많은 타로 서적들은 '야, 너도 할 수 있어!' 라며 홍보한다. 그러한 메시지는 특별함과 신비함에서 끌어올 수 있는 '권위' 라는 힘을 약하게 만든다. 그 메시지에 담긴 뜻은 타로는 결국 누구나 할 수 있는 것이니까. 그렇다 보니, 소비자들의 선택을 받고 경쟁력을 확보하기 위해 리더들의 리딩 방식은 자연스레 더 자극적이고 더 만족시키기 위한 방식으로 변화되고 있다. 자극적인 것은 '맞히기' 를 의미하고, 만족은 '이해' 를 의미한다. '이해' 는 다른 말로 의문이 남지 않는다고도 말할 수 있다. 상담자가 리더의 리딩 내용을 충분히 이해하고 공감할 때 충분한 만족이 일어난다. 이제 과거와 같은 권위적 모델은 그 효율성이 떨어진다. 이제 소비자들은 의문이 남는 찜찜함을 원하지 않는다. 이는 보다 많은 젊은이들이, 문제 해결을 위해 아무 이유 없이 무조건 자신이 알려준 대로 하기를 강요하는 무당보다, 자신이 선택한 그림을 보며 원인과 결과에 대해 그럴듯하게 설명해주는 타로 텔러를 찾는 비율이 비교적 많은 이유이다(물론 접근성도 한 몫 할 것이다).

'정통 타로'와 '현재 타로' 중 텔러의 입장에서 뭐가 더 리딩하기 어렵냐고 묻는다면 단연 후자이다. 본래 정통타로는 직관의 활용이 지금보다 훨씬 쉬웠다. 리더가 받게 되는 질문의 뉘앙스부터 '맞혀보세요'가 아닌 '어떻게 될까요?'였다. 상담자가 본인의 상황과 고민을 다 말해주니 직관을 활용하기가 훨씬 쉽다. 그러나 이제는 그 과정을 맞혀야만 경쟁력이 생기는 시대가 돼버렸다. 앞에 앉은 클라이언트가 결혼을 앞두고 있음을, 여러 의미를 가진 카드 속에서 시어머니가 결혼을 반대하고 있음을 캐치해내야 한다.

실제로 어떤 타로 텔러는 상담자와 만나자마자 카드를 뽑게 하기도 한다. 상담자가 무슨 문제로 자신을 찾았는지 카드를 통해 바로 맞히겠다는 의도이다. 이는 점쟁이의 그것과 별반 다르지 않아 보인다. 직관의 발달 정도에 따라 어느 정도까지 '맞힐 수' 있을지가 정해진다. 자신의 직관 수준을 벗어나는 리딩은 리스크가 동반된다. 후에 자세한 상황을 만나보겠지만, 우리는 리딩을 함에 있어 안전성과 신비함(임팩트)의 양측을 오가게 되는데 매 상황에 따라 적절한 조율이 필요하다.

직관의 도구

타로를 더 빨리 배우는 사람이 있다고?

축구를 잘 한다면 풋살도 금세 적응하여 즐길 수 있다. 한식 전문 요리사라면 일식의 길에 입문해도 곧 역량을 발휘할 수 있다. 타로 또한 마찬가지다. 아니, 사실 이 세상의 거의 모든 것들이 이와 같이 유기적으로 연결돼있다. 타로를 잘 하고 싶은가? 타로를 처음 시작해보려 모인 우리. 그러나 안타깝게도 우리의 출발선은 같지 않다. 우리들 중 누군가는 타로의 기술을 더 쉽게 이해하고 더 빠르게 습득할 수 있다.

앞서 우리는 '타로'를 하나의 휴리스틱 패턴을 가진 도구로써 살펴보았다. 타로는 '사람' 혹은 '마음' 같은 추상적인 주제를 정리하기 위해 만들어진 도구이다. 정확한 범위는 아니지만 여기서는 이 주제의 이름을 '사람'이라고 규정해보자. '사람'이란 범주 아래에는 그를 설명해내기 위한 수많은 도구들이 존재하고 있고 타로는 그 중 하나이다. 그리고 같은 범주 아래에 존재하고 있는 도구들은 놀랍게도 상호간에 영향을 끼친다. 대부분은 서로에게 도움이 되는 영향이지만, 해를 끼치는 경우 또한 더러 존재한다.

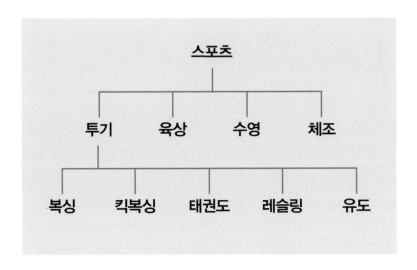

예를 들어 '이종격투기'라는 도구의 동일 선상에는 중첩된 특징을 가진 여러 '투기종목'들이 있고, 그 상위에는 '스포츠'라는 더 커다란 범주가 존재한다. 그리고 '이종격투기'는 도구로써, '스포츠'라는 더 큰 범주에서 파생된 전혀 다른 부류, 예를 들어 육상, 수영 같은 도구에 접근할 때도 유기적인 영향을 끼치게 된다. 또한 '스포츠'

의 하위 범주이자 '투기종목'의 하위 도구들인 복싱, 킥복싱, 태권도, 레슬링, 유도 같은 각 종목들은 서로 분리 돼있지만 분명 서로가 '완전히' 다르지는 않다. 영향력이 존재하는 부분과 그 정도는 분명 차이가 있겠지만, 한 종목의 수련은 다른 종목을 더 빠르게 배울 수 있도록 돕는다.

정리하자면 타로의 기술을 더 빠르게 습득하는 이는 그의 삶 속에서 이미 필요한 여러 자원들을 확보한 상태인 것이다. '사람'이라는 범주 아래에서 말이다. 이러한 케이스는 각자의 삶 속 경험을 통해 해당 직관에 필요한 경험들을 배우고 습득한 경우인데, 다행히도 이는 타로를 시작하기 위해 반드시 필요한 덕목은 아니다. 부족한 직관은 이미 정리된 도구들을 학습함으로써 직간접적인 경험의 틀을 새로 구성할 수도 있다. 다만 그만큼 더 많은 노력이 필요한 건 사실이다.

'사람'이란 범주 하위에는 어떤 도구들이 자리 잡고 있을까? 굉장히 방대하지만, 몇 가지 살펴보자면 사주, 신점, 콜드리딩, 최면, 애니어그램, MBTI, 등 오컬트적 분위기를 풍기는 것들부터 심리학과 관련된 도구들도 있다. 이는 하나씩 보면 달라 보이지만 '사람'이라는 맥락으로 동일하게 연결돼있다. 위의 예시에 든 도구들은 '타로'를 잘 보는데 도움이 된다. 그리고 타로 또한 역으로 다른 도구를 학습하는데 활용될 수 있다. 각 도구는 개성 있는 매개체(medium)가 존재하는데, 비록 매개체가 달라질지라도 같은 맥락 안이기에 직관은 유효하다. 이는 사주와 타로를 함께 묶어 영업하는 이들이 많은 이유이다. 심리상담사가 타로를 상담에 활용하기도 하며, 개인적으로 조금 황당하게 느껴지지만 타로와 최면을 서비스하는 스님도 존재한다.

일반적인 직업군에서 보자면, 뭔가를 연구하고 분석하는 직업보다는 발로 뛰며 사람을 피부로 느끼고 대하는 영업직 같은 직업에 종사해본 이들이 타로를 배우기에 좀 더 유리하다. 간단하게 핵심을 짚어보자면, 타로를 잘하기 위해 타로라는 한 우물만 파는 것보단 '사람'의 하위 범주에서 더 다양한 경험을 쌓을 필요가 있다. 50명쯤 연애해본 이가 모태솔로보다 연애 운을 더 잘 이해하고 봐줄 것이며, 직업상담사 자격증을 취득한 이는 그렇지 못한 이보다 직업 운을 훨씬 더 만족스럽게 봐줄 것이다.

한편 다른 도구를 통해 타로를 간단히 정의하려는 다소 폄하의 의도가 섞인 의견들이 있다. 타로는 '콜드리딩(상대에 대한 아무런 사전 정보가 없는 상태에서 상대의 속마음을 간파해내는 기술)이다'. '바넘효과(보편적으로 적용되는 성격 특성을 자신의 성격과 일치한다고 믿으려는 현상)이다.' 라며 다른 도구로서 단편적으로 설명해내려는 시도가 많다. 개인적으로는 완전히 맞는 말도, 틀린 말도 아니라고 생각한다. 저 도구들과 타로는 마치 복싱과 킥복싱 같은 관계랄까? 오히려 비욘드 타로의 관점에서는 역으로 타로를 통해 콜드리딩과 바넘효과를 설명할 수 있기도 하다.

위의 두 발언들을 조금 살펴보자. 콜드리딩(cold reading)의 개념에는 비슷한 개념으로 웜리딩(warm reading)과 핫리딩(hot reading)이 존재하는데. 핫리딩은 상대에 대한 정보를 사전에 이미 확보해 놓고 리딩하는 것을 의미한다. 실제로는 알고 있는 상태로 리딩이 진행되기에 이는 모르고 있음을 가장한 연기가 된다. 웜리딩은 '콜드' 와 '핫' 의 중간으로 마치 프로파일링과 같은데, 약간의 정보를 통해 합리적인 추론들을 이끌어 리딩하는 것을 의미한다. 상대방의 손목에 채워져 있는 5천만 원가량의 시계를 보고 그의 라이프 스타일을 추론하는 식이다. 또는 코난 도일의 소설 속 셜록 홈즈의 세련된 '추리' 를 떠올릴 수도 있다. 타로는 이 중 무엇과 가장 연관이 있는지 묻는다면, 비욘드 타로의 관점에서는 웜리딩이라 볼 수 있다. 왜냐하면 상대방의 존재를 인지하는 그 찰나의 순간, 우리는 오감을 통해 세 단계 인지 수준에서 이미 상대에 대한 지도를 그리기 때문이다. 모른다는 것은 아무것도 없는 '무(無)'를 의미한다고 볼 때, 마주치는 순간 이미 우리는 무엇인가를 알게 될 수밖에 없다. 때문에 비욘드 타로에서는 진정한 의미의 콜드리딩은 없다고도 볼 수 있다. 단, 마주한 상대방을 '보는' 것이 아닌, 머릿속에 달달 외워온 몇 가지 콜드리딩 멘트에만 집중하고 사용할 때 콜드리딩은 성립할 수 있다. 그러나 비욘드 타로를 잘 하기 위해선 기본적으로 머릿속의 생각이 아닌, 눈앞에 있는 상대방을 진정으로 만나야 한다. 반복해서 강조하건데 우리가 찾는 답은 눈앞에 있기 때문이다.

이어 바넘효과에 대한 의견을 살펴보자. 바넘효과는 상당히 미화된 감이 있지만, '위대한 쇼맨'이라는 영화를 통해 더욱 널리 알려진 P.T바넘에게서 나온 개념이다. 또한 '포러 효과'로 알려진, 1948년 심리학자 포러(Bertram Forer)가 실시한 실험에 대해 살펴본다면 바넘효과를 이해하는데 더욱 도움이 될 것이다.

바넘효과는 "당신은 친구가 어느 정도 있는 편 같지만, 정말 진심을 털어 놓을 수 있는 친구는 그리 많은 것 같지 않네요."와 같이 누구나 그럴 듯하게 공감할 수 있는 말이다. 혹은 우스갯소리로 처음 마주한 이에게 마치 당신의 집을 알고 있다는 것처럼 "아! 당신 거기 사시죠? 그... 큰길에서 주유소 사거리 지나서 편의점 지나서 거기!" 같은 말로 활용할 수도 있다. 누구의 집이든 자신의 집으로 가는 길에 위치한 주유소와 편의점은 떠올릴 수 있기 때문이다. 혹 '주유소'가 불안하다면 사거리와 편의점만 사용했을 때 틀릴 위험이 훨씬 줄어든다.

바넘효과는 너도, 나도, 모두가 자신의 이야기라 느껴야 하는데, 타로에서는 바넘효과와 다른 방향으로도 충분히 가능하다. 이는 여러 명이 함께 타로를 볼 때 특히 유효한 방법인데, 바로 공통점이 아닌 '차이점'에 주목하는 것이다. 친구사이인 여성 A, B가 함께 타로를 본다고 가정할 때 리더는 이렇게 할 수 있다. A는 짧지만 다수의 연애스타일, B는 여러 남성은 못 만나 봤지만 연애의 기간이 긴 연애스타일, 혹은 A는 연하를 좋아하는 외모 파, B는 연상을 좋아하는 현실 파 같은 방식으로 서로를 철저히 '비교' 함으로써 리딩의 만족도를 배가시킬 수 있다. A, B 서로가 서로의 과거를 익히 알고 있고 리딩이 정확할 때 그들의 신뢰와 몰입을 더욱 확보하게 된다.

개인적으로는 모호한 바넘효과 멘트식으로 타로를 보는 이들을 저평가 한다. 이들은 머릿속에 콜드리딩 멘트를 달달 외워서 기계적으로 뱉는 이들과 별반 다르지 않다. 리더가 자신감이 없어 모호해지면 그의 말을 듣는 상담자 또한 모호해진다. 흔히 있는 경우인데, 타로를 하고자 하지만 타로에 자신이 없어서 다른 도구를 끌어온 경우가 그렇다. 이때 각 도구는 서로 시너지 효과가 아닌 역 시너지 효과(negative synergy effect)를 일으킨다. 이때 그 사람이 리딩하는 것은 진정 '타로' 라고 말하기 어려울 것이다. 기본적으로 타로를 하기 위해서는 타로를 할 줄 알아야한다.

나는 여러분이 '사람'을 잘 이해하기 위해 다양한 도구들을 배우길 권한다. 콜드리딩을 배우면 추리적 사고에 도움이 될 것이고, 심리학책을 펼치면 좀 더 심오한 세계를 만날 수 있을 것이다. 중요한 점은 그런 도구들을 배워 그 끝에 얻게 될 것은 겨우 '타로를 잘하게 되는 것' 정도가 아닐 거라는 사실이다. 타로를 잘하게 되는 것은 부수적일 뿐이다. 설령 타로를 잘하기 위한 의도로써 시작했다 해도 상관없다. 그 길의 끝에는 겨우 그 정도가 아닌 진정 '성장한 당신'이 기다리고 있을 것이다.

06

운명
———
카드의 결과가 바뀔 수도 있다고?

"카드가 바뀔 수 있나요?"

모태솔로인 여성 한분이 타로카드를 뽑는다. 카드는 끔찍하게 나온다. 과거에 남자친구가 없었고, 현재도 없고, 앞으로도 없을 예정이다. 이처럼 만족스럽지 않은 카드들이 나올 때 많이 듣는 질문이다. "지금 뽑은 카드가 바뀔 수도 있나요?"

바뀔 수 있다. 아니 오히려 안 좋은 카드는 바꿔야만 한다. 나는 타로를 보는 의의가 거기서 생긴다고 믿는다. 하지만 안타깝게도 거의 대부분의 사람들은 변하지 않는다. 당연히 타로도 바뀌지 않는다. 처음 만났을 때 모태솔로였는데 몇 년이 지나도 똑같이 솔로인 단골손님도 있었다. 외모나 성격적으로 문제가 있었냐고 묻는다면, 전혀 없었다. 오히려 예쁘장한 외모에 털털하고 매력적인 성격의 여성이었다. 나는 손님들에게 나쁜 카드가 나오면 오히려 좋은 것이라 말한다. 그 나쁜 카드가 의미하는 메시지만 변화시키면 다 좋아지는 것이기 때문이다. 그러나 안타깝게도 진정 변화를 원하는 분들은 애초에 타로를 찾지 않을 가능성이 크다는 것을 깨달았다. 타로를 찾는 이들은 삶의 변화가 아닌 '위로'를 원하는 분들이 훨씬 많다. 때문에 대부분의 사람들은 정말 지독히도 변하지 않는다. 직면이 아닌 회피에 익숙해진 탓이다.

이 글을 읽고 있는 당신은 혹시 영어를 잘하는가? 잘한다면 부럽다. 어쨌든 영어를 잘하든 못하든, 일단 잘 못한다고 가정해보자. 영어를 유창하게 하고 싶지만 실제로는 잘 못하는 당신이 실력향상을 이룰 수 있을지에 대해 타로를 본다. 타로의 결과는 당신이 앞으로도 영어를 잘 못할 것이라 나온다. 그렇다면 당신은 영원히 영어를 잘 못하는 사람이냐? 아니다. 그렇지 않다. 타로를 보니 당신이 영어를 못하는 이유는 영어 공부를 하지 않아서이다. 유일하게 하는 공부란 미드나 영화를 시청하는 것인데 그것조차 한글 자막으로 본다. '외국 영상을 많이 접하면 귀가 먼저 뚫리겠지? 나는 열심히 공부하고 있어'라며 스스로를 위로한다. 그렇다. 그냥 공부를 하고 있지 않은 것이다.

나는 운명이라는 것을 현실적으로 바라본다. 어떠한 오컬트적 요소도 없다. 내가 믿는 운명이란 '습관'과 비슷하다. 정말 심플한 진리이다. 콩 심은데 콩 나고, 팥 심은데 팥이 난다. 내가 지금 겪고 있는 현실은 과거에 내가 심었던 콩이 자란 결과이다. 내가 마찬가지로 지금처럼 살아간다면 나는 또 콩을 수확할 것이다. 영어 실력이 형편없는 '콩'이 마음에 들지 않는다면 이제부터는 원하는 바를 얻기 위해 새로운 '팥'을 심어야만 한다.

타로의 예언이 맞는지, 틀리는지 역시 같은 포인트로 보는 것이 올바른 접근이다. '당신은 영원히 영어 허접일 겁니다!'라는 리더의 충격적인 말을 받아들이고 그대로 포기해 버린다면 예언은 적중한다. 그러나 그 말을 듣고 오기가 생겨 하루 12시간씩 제대로 된 영어공부에 매진한다면? 꾸준히 공부한 당신은 몇 달 뒤 다시 타로를 볼 때 타로가 바뀐 것을 발견할 수 있게 된다. 영어 '허접'이라는 의미의 카드는 이제 긍정적인 가능성을 가득 담은 카드들로 교체된다. 이는 이미 봤던 타로의 예언이 틀린 것이 되며, 당신 스스로의 힘으로 운명을 바꾼 것을 의미한다. 타로는 과거에 심었던 씨앗과 현재 수확하는 콩을 확인한다. 그리고 그를 토대로 미래를 유추한다. 즉 자신이 원하는 삶을 살기 위해 새로 심어야할 팥을 발견할 수 있는 좋은 도구이다. 그러나 그 팥을 심는 건 결국 본인의 몫이다.

노파심에 덧붙이는 말이지만, 당신의 팥은 남이 심어줄 수 없다.

무당의 '부적'은 결코 근본적인 도움이 되지 못한다. 맘에 들지 않는 콩을 얻는 것도, 얻고자 하는 새로운 팥을 심는 것도 오직 당신만이 할 수 있다.

자신은 연애만 했다하면 매번 '쓰레기'를 만난다는 여성이 있다. 나는 그녀에게 이렇게 조언해줬다. "한두 번쯤 우연히 쓰레기를 만날 수 있어요. 그런데 세 번이 되고 네 번이 되고.. 계속 반복된다? 이쯤 되면 자기 자신을 의심해 봐야 돼요!" 그러나 안타깝게도 그녀는 내 조언을 받아들이지 않았다. 아직 자신의 문제를 직면할 용기가 없어, 쉽고 익숙한 방법인 회피를 선택해 버렸다. 그녀는 이렇게 말한다. 그리고 그렇게 믿는다. 자신은 쓰레기를 만날 '운명'인 것 같다고. 그녀는 그 문제를 통해 파생된 이차적 이득(secondary gain)인 주변 지인들의 공감과 관심, '위로'를 얻을 수 있다. 그로 인해 무의식적으로는 자신의 연애스타일이 크게 나쁘지 않다고 위안 삼을 수도 있다.

'운명'이라는 단어는 자신의 힘으로 바꿀 수 없는 어떤 신비한 힘의 뉘앙스를 갖는다. 하지만 우리가 살고 있는 현실에는 대부분 그런 운명이란 없다. 수정 가능한 것이 대부분이다. 그곳엔 마치 현재 일본의 상황처럼 '직면'하지 않음이 있을 뿐이다. 일본이 과거 위안부 문제를 진심으로 받아들이고 사과한다면 우리는 그들의 사과를 받아들일 것이다. 하지만 계속해서 외면하고 회피하고 부정하는 일본의 태도는 상황을 더 악화시킬 뿐이다. 그들의 그러한 태도(씨앗)는 분명 지속적으로 양국 간의 문제(콩)를 만들어 낼 것이다. 여러분의 '회피'의 핑계가 '운명'이 되지 않길 바란다.

　한 가지 질문을 하고 싶다. 만약 정확히 똑같은 능력을 가진 두 사람이 각자 500시간과 100시간씩 타로를 공부한다면, 과연 누가 더 잘할까? 여러분이 대답이 500시간을 공부한 사람일 것을 믿어 의심치 않는다. 너무 당연한 말이지 않는가. 만약 100시간을 공부한 사람이 더 잘한다면 불합리할 것이다. 그러나 500시간과 100시간의 차이에서 100시간이 이기는 일도 발생한다. 그 차이는 어떤 '습관'을 택했는가에 있다. 1000시간 대 1시간의 대결은 터무니없지만, 500시간 대 100시간은 뒤집기에 현실적인 수치이다.

　분명 유리한 '폼(form)'이 존재한다. 잘못된 자세는 아무리 수행해도 어느 경지를 올라가지 못하게 한다. 이는 이제 우리에게 익숙한 잘못된 '휴리스틱 패턴'으로 이해하면 된다. 동네 헬스장에서 한 아저씨를 만난다. 몇 십 년째 헬스장을 다니고 있는 그 아저씨는 굉장히 위험한 자세로 운동을 실시하며 힘을 쓸 때 괴상한 소리도 낸다. 저러다 분명 허리 망가질 텐데... 하는 걱정이 앞선다.

　또 오랜 운동 경력이 무색하게 그 분의 몸은 그다지 좋다는 느낌이 들지 않는다. 아니나 다를까 그분은 헬스장에 다니면서 병원도 수시로 드나들 수밖에 없었다고 말한다. 분명 다른 회원들도 걱정되는 마음으로 자세에 대한 조언을 해 주었지만 그 분은 '필요 없어. 열심히만 하면 뭐든 다 돼! 내가 운동 경력이 얼만데!' 라는 마인드를 가지고 있다. 놀랍게도 그 분이 헬스를 시작한 이유는 커다란 근육을 가진 '몸짱' 이 되고 싶어서였다. 이러한 상황을 극단적으로 표현해 보자면 그 분이 몇 십 년 동안 해온 헬스는 사실 별 의미가 없었다고도 볼 수 있다. 그 오랜 세월 동안 본인이 원하는 것은 얻지도 못하고 안 좋은 습관으로 건강까지 위협 받고 있으니 말이다.

그에 비해 누군가는 비교적 단시간에 빠르게 근육질 몸매를 만들어 낸다. 자신에게 효과적인 휴리스틱 패턴을 이해하고 활용하는 사람이다. 타로도 마찬가지다. 몇 년을 배워도 제자리걸음을 하는 이는 자신의 자세를 돌아보아야 한다. 무엇이 문제인지 받아들이고 자신이 보지 못했던 길을 발견하고 인정하는 용기가 필요하다. 앞서 '오컬트' 파트에서 살펴본 대로 '기묘한 뉘앙스' 를 주는 분야에 대한 학문은 특히나 '내가 잘못한 거야' 라는 생각에 갇히기 쉽다. 자세가 잘못 된 것을 돌아보지 않고 단순히 더 열심히 하지 못했다고 생각하여 자책을 한다. 위의 헬스 예처럼 그런 방식의 '열심' 은 오히려 자신의 건강을 해칠 수 있다. 이는 사실 '열심' 이라 부르기 매우 민망하다. 알고 있지 않은가. 이를 전문용어로 '삽질' 이라 부른다.

우리가 아무리 배고프지 않길 간절히 원해도 때가 되면 배가 고프다. 제발 배고프지 않길! 한시도 쉬지 않고 기도해도 때가 되면 야속하게도 배가 고파온다. 피한다고 피해지지도, 바란다고 이루어지지도 않는 일이다. 우리는 그것을 받아들이고 해결할 수 있다.

여러분이 만약 이글을 읽고도 오컬트적인 '운명'을 믿는다면, 혹시 자신이 두려움 때문에 어떤 문제를 회피하고 있는 건 아닌지 돌아보길 바란다. 우리가 두려움에 용기 내어 마주할 때 우리는 '항상' 우리를 위한 무엇인가를 얻게 된다. 비록 그게 고통스러울지라도, 결국 그 모든 것은 정말이지 당신을 위함이다.

07

스프레드의 적용

카드를 믿지 말라고?

언젠가 타로 강의 중 있었던 일이다. 이는 내가 직관에 대해 제대로 정립하기 훨씬 이전의 일이다. 아주 오래된 일이지만 당시에도 나는 수강생들에게 '키워드'를 먼저 알려주지 않았다. 그보다 우선시 되는 것은 역시 직관을 먼저 사용해 보는 것이다. 당시에는 '이미지 리딩'이라는 이름을 붙여 조금은 미숙한 형태로 직관을 강의에 활용했었다.

강의 중 한 수강생이 '원 카드 리딩'을 실습하게 됐다. 원 카드 리딩이란 한 장의 카드로 리딩을 진행하는 방식이다. 상담자 역할을 맡은 분은 얼마 전 공무원 시험을 쳤는데, 이미 발표가 나 결과를 알고 있는 상태에서 합격여부에 대해 질문을 했다. 그리고 상담자가 뽑아든 카드는 'the sun'이었다. 카드를 확인한 나는 수강생이 어떻게 리딩할지 예측하기 시작했다.

썬카드

yes or no의 상황에서 썬 카드는 당연히 yes를 말할 것임에 틀림없으며, 오히려 중요한 것은 그다음 덧붙일 말이라 생각했다. '좋아요, 나빠요.' 는 사실 타로 텔러가 할 수 있는 가장 쉬운 말 중 하나이다. 썬 카드는 합격, 불합격 여부가 뚜렷한 카드이니 수강생의 리딩 결과는 뻔히 예측이 되며, 단지 카드의 어떤 상징을 공무원 시험 결과에 연결해서 그럴듯하게 풀어낼 수 있을지에 대해 기대했다. 이윽고 수강생이 말했다. "제가 보기엔... 떨어지신 것 같아요."

그 말을 들은 나의 뱃속이 묘하게 꿈틀거렸다. '틀렸다!' 는 다소 강렬한 생각이 머릿속을 스치고 지나갔다. 타로 텔러의 입장에서 이는 분명 '틀린' 리딩이라 볼 수도 있다. 과하게 표현하자면 비록 결과가 '맞았어도 틀린 리딩' 이다. 타로에서 명백하게 약속된 의미를 거슬렀기 때문이다. 저 희망차고 밝은 '태양' 을 도대체 어떻게 보아야 부정적으로 보일 수 있단 말인가. 하지만 우습게도 수강생에게

"당신 틀렸어!"라고 말할 입장이 아니었다. 심지어 그 강의에서, 나는 앞서 이런 이야기도 했었다. "타로는 정답이 없습니다. 리더가 어떻게 받아들이고 어떻게 읽느냐가 정답입니다." 이는 나뿐 아니라 수많은 타로 서적, 강의에서도 마찬가지로 전하고 있는 부분이다.

수강생이 이어 말했다. "음... 제가 보기엔... 일단 '어린아이(상담자)'가 커다란 말 위에 올라타 있어요. 이건 굉장히 위험해 보여요. 왜냐하면 어리니까요. 아이는 아직 말을 탈 수 있는 실력이 아닌 거죠. 음... 그리고 여기 '말' 도 표정이 안 좋아요. 눈썹도, 입도, 똥 씹은 표정 같아요. 마치 '이게 뭐하는 짓이지' 라고 말하고 있는 표정 같아요. '말' 도 알고 있는 거죠. 이 아이는 아직 자신을 '정복' 할 수 없다는 걸! 그리고... 뒤에 큰 태양이 '굉장히 무섭게' 아이를 쳐다보고 있어요. 아이가 '부족한' 행위를 하는 것을 냉정하게 바라보고 있는 것 같아요. 표정이 '이 철없는 녀석. 부족한 녀석.' 이라고 말하는 것 같아요. 그리고 아! 태양이니까!... 음... 그 '실패' 를 밝히 '드러내는 것' 도 있는 것 같아요. 큰 도전이었고 큰 실패였음을 주변에서도 다 알 수 있다는 거죠. 그리고... 태양은 '주변의 시선' 도 의미하는 거예요. 주변 사람들도 사실은 '아이' 가 '말' 을 잘 못 탈 거란 걸 알고 있었던 거죠. 그래서 냉정한 시선으로 바라보고 있는 것 같아요. '정신 좀 차렸으면...' 하면서요."

신선했다. 태양을 부정적으로 읽은 것은 '옳은' 리딩이 아닐 수 있지만 부분적으로 분명 신선하게 다가왔다. 대표적인 '성공' 카드인

썬 카드를 완전히 반대인 '실패'로 리딩했다. '역카드'도 아닌데 타로 본래 의미를 거꾸로 해석해버렸다. 이걸 과연 타로라고 할 수 있을까? 어쩌면 이는 진정한 타로라고 할 수 없을지도 모른다. 하지만 분명 그 순간 수강생은 타로 리딩이라는 행위에서 타로를 '넘어선' 무언가를 행했다.

이는 참 아이러니하게도 카드(키워드)를 모르기에 할 수 있는 리딩이었다. 수강생은 분명 자신의 직관을 메인으로 카드를 도구로 사용하고 있었다. 그리고 더욱 놀랍게도 그의 리딩이 적중했다. 상담자 역할을 맡은 분은 실제로 공무원 시험에서 불합격했던 것이다.

그의 리딩이 틀렸다고 말할 수도 있지만 그럴 수 없다. '타로의 정해진 룰을 따르지 않았으니 무효다!'라고 말하기엔 '리더의 판단이 정답이다'라는 말과 충돌한다. 심지어 실제 '정답'은 그가 맞히지 않았는가. 틀렸다고 말하는 순간, 앞과 뒤가 다른 놈이 된다. 다 알고 깊이 아는 척 하면서 자기보기는 안 되는 그런 사람 말이다. 각자 개개인이 모두 '정답'임을 설파해놓고 이제와 가르치는 '나'만이 오직 정답이라 하는 꼴이 될 수도 있을 것이다.

타로에는 개성이 필연적일 수밖에 없다. 같은 그림을 보더라도 각자 느끼는 바가 다를 수밖에 없지 않은가. 타로 리더를 만든다는 건 타로의 '정확한' 역사와 의미를 파악하고 그대로 철저하게 맞춰 '기계화'하는 작업이 아니다. 타로 속에 담긴 의미와 메시지를 개인의 특성에 맞춰 소화하고 해석하는 작업이다. '기능적'이라기 보단 '예술'에 가까운 활동이다. '태양'이 희망적이어야만 한다는 건 어쩌면 키워드와 상징에 사로잡힌, 다시 말해 그 당시 타로로써 정해진 약속의 힘을 믿는 나의 환상에서 나왔을 것이다. 그러한 환상은 좁디좁은 영역 안으로 우리를 가둔다. 정해진 규칙은 우리를 안정화 시킨다. 그 안에 있을 때 우리는 편안하고 '옳다'고 느낀다. 그리고 반대로 그 규칙 밖으로 나가는 것은 불편하고 '안 된다'고 생각한다. 그럴 땐 누가 그 규칙을 정했는지 생각해보라. 어떤 대단한 존재가 아닌 우리와 같은 '사람'이 정했음을 알 수 있다. 첫 번째 챕터를 통해 타로의 역사를 살펴본 이유가 그러하다. 과거에 그들이 '믿음'으로 행했던 일을 이제 우리는 '과학'으로 행할 수 있다. 시간이 이렇게나 많이 지났는데 그들과 같은 상식으로 접근한다면 이는 얼마나 퇴보한 일인가. 과거의 미신적인 믿음은 모호해 길을 헤맬 수 있지만 과학은 뚜렷하여 비교적 선명한 길을 제시할 것이다. 이것이 타로 너머의 타로를 가능케 한다.

'그럴 수도 있고 아닐 수도 있다.' '맞을 수도 있고 틀릴 수도 있다.' '이렇게도 읽을 수 있고 저렇게도 읽을 수 있다.' 이는 모두 타로에 관한 이야기다. 조금 자극적으로 표현해보자면 타로란 한마디로 '귀에 걸면 귀걸이 코에 걸면 코걸이'이다. 폄하하려는 의도가 아니라 실제로 그렇다. 그 기원도, 키워드도, 카드에 대한 스토리도, 무엇 하나 명확하고 확실한 것이 없다. 애초에 타로는 모호할 수밖에 없는 도구이다. 최초에 게임을 위해 만들어진 카드에 의미를 부여하여 점복 도구로 만들었으니 어쩌면 당연한 일일 것이다. 우리는 바둑돌에도 화투에도 구름의 생김새에도 얼마든지 의미를 부여하여 점복 행위를 할 수 있다. 이제 이 파트의 주제인 '스프레드'에 대해 이야기할 준비가 끝났다.

　우리는 앞선 챕터를 통해 스프레드에 대해 간략히 살펴보았다. 그리고 사실 그건 그리 중요치 않은 내용이었다. 어쩌면 다 잊어도 괜찮다고 말하고 싶다. 왜냐하면 결국 귀에 걸면 귀걸이 코에 걸면 코걸이니까... 타로에 대한 경험이 어느 임계를 넘어서면 스프레드는 점점 더 단순화 되고 나 자신이 보기 편한 방식으로 수정 및 제작하게 된다. 이때쯤 되면 스프레드 자리의 의미가 굳이 중요치 않게 된다. 가뜩이나 모호한 타로를 더 모호한 스프레드로 활용한다. 이는 직관의 활용도가 높아졌기에 가능하다. 같은 '매직 세븐 스프레드'를 활용하더라도 흔히 사용되고 있는 의미와 다르게 사용한다. 하지만 역시 이는 본질적인 리딩에 크게 영향을 끼치지 않는다.

　나의 경우 주로 클라이언트에게 한 장에서 일곱 장까지 카드를 뽑

매직 세븐 스프레드

도록 하는데, 예를 들어 '매직 세븐 스프레드'는 자리에 아무런 의미
도 부여하지 않는다. 그때그때 즉흥적으로 카드의 모양과 배치에 따
라 직관을 활용해 리딩하는 편이다. 유일하게 설정한 의미는 가운데

를 기준으로 상담자 방향이 '겉(외부)' 리더의 방향이 '속(내면)'이다. 때문에 가운데 자리는 '중심'과 '결과' 혹은 '핵심' 같은 의미를 가진다.

이처럼 스프레드는 각자 자신에게 편리하도록 얼마든지 만들어 사용하면 된다. 카드를 배치한 모양, 예를 들어 '별'과 같은 형태로 카드를 배치한다고 해서 특별한 힘이 생긴다거나 하는 일은 일어나지 않는다. 하지만 그럼에도 불구하고 첫 번째 챕터에서 스프레드를 살펴본 이유가 있다. 기존의 스프레드를 연습하는 건 충분히 의미가 있다. 누군가 만들어 놓은 기존 스프레드 속의 휴리스틱 패턴을 배울 수 있기 때문이다. 다른 이가 어떤 식으로 스프레드를 만들고 활용하는지 학습하는 건 우리의 경험치를 올려주게 된다. 이는 컬렉션(collection)과 같은데, 즉 나의 스프레드 컬렉션에 하나의 패턴을 추가해서 필요할 때면 유연하게 활용할 수 있게 된다. 다양한 컬렉션이 추가 될수록 우리가 활용할 수 있는 자원 역시 덩달아 늘어나게 된다.

08

리추얼(의식)의 힘
타로가 정말 뭐가 있긴 있구나?

아직 아무 짓도 안 했는데 카드를 보자마자 눈
이 초롱초롱해지며 "우와 신기해!"라고 말하는 경우, 신기한 듯 카드
를 쳐다보며 "저기 혹시... 카드 만져 봐도 되나요?"라고 묻는 경우, 자
기 입으로 자신의 직업을 말해 놓고 나중에 본인 직업을 얘기하니
화들짝 놀라며 "어머! 그건 어떻게 아셨어요!"라고 묻는 경우.

우스꽝스럽게 보일 수 도 있지만 정말이지 흔한 상황이다. 마치 변
기뚜껑을 올리지 않은 채로 변을 본 것과 같은 치명적인 실수만 하
지 않는다면 타로 리더에게 이러한 손님은 소위 '밥'이라 할 수 있
다. 그들은 이미 신기해하려는 준비가 돼 있는 상태다. 조금 과장하
자면 이들은 "오 마이 갓! 당신은 손가락이 열 개 군요!"와 같은 터무
니없는 리딩에도 신기해 할 사람들이다. 이런 분들에게는 비교적 실

력이 부족한 리더가 리딩을 하더라도 긍정적인 평가를 받을 확률이 높다. 냉정하게 말해 이런 분들은 '리더'에게 빠져 있는 것이 아닌, 스스로가 만든 타로라는 '환상' 그 자체에 빠져 있는 것이다.

여기서 중요한 점은 이들이 신기해하는 그 포인트는 사실 우리 모두가 가지고 있는 면이라는 점이다. 이들은 단지 모두가 가지고 있는 '그' 면이 극대화된 분들이다. 사람에 따라 이 '면'은 그 영향력이 상이하다. 누군가는 완전히 반대편에서 철저하게 현상만을 믿고 의심을 중시하는 이들도 존재하지만 대부분 우리는 이 '면'에서 자유롭지 못하다.

'카드를 만져 봐도 되나요?'라는 질문은 남의 물건이니 허락을 맡겠다는 의도 보다는, 자신이 그걸 만짐으로써 어떤 영적인 기운에 방해가 되는 건 아닌지 묻는 의도이다. 흔히 말하는 '부정 타는' 일이 아닌지 걱정하는 마음이다. 카드를 뽑다가 무심코 자신이 뒤집고는 깜짝 놀라는 경우도 많다. "아 어떡해. 제가 뒤집어도 돼요?" 이 역시 같은 맥락이다. 이들의 행동은 확실히 '일상적'이지 않다. 이들은 그 순간 분명 평소와 다른 '어떤' 상태에 들어가 있다. 이것이 바로 '의식(ritual)'이 갖는 힘이다.

러시아의 유명한 생리학자 파블로프(Pavlov)는 1900년대 초반 '조건화(conditioning)'에 대한 역사적인 실험을 실시한다. 바로 그 유명한 '파블로프의 개' 실험이다. 간략히 설명해 보자면 개를 한 마리 준비해 먹이를 주기 직전 항상 종을 친다. 그걸 반복한다. 그 개에게는 침의 분비량을 측정할 수 있는 장치가 설치 돼 있었는데, 얼마간의 시간이 흐른 뒤에는 종을 치기만 해도 개의 침 분비량이 증가하는 것을 확인 할 수 있었다. 먹이를 보면 침이 분비한다는 당연한 '조건'에서, 종소리를 들으면 침이 분비한다는 새로운 조건을 형성한 것이다. 여기서 '종을 치면 침이 나온다.' 라는 '조건'을 최면과 NLP(Neuro-Linguistic Programming)에서는 닻을 내린다는 의미로 '앵커(anchor)' 라고 부른다.

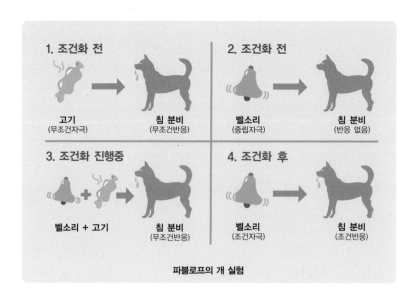

파블로프의 개 실험

우리 각자 개개인은 무한하게 형성된 앵커를 가지고 있다. 결혼식장에서는 축하하는 마음, 장례식장에서는 엄숙한 분위기에서 슬퍼하는 마음이 있는 것처럼 사회적인 앵커에서부터 특정 노래를 들으면 헤어진 애인이 떠오른다거나, 긴장되면 손톱을 뜯는 것처럼 개인적인 앵커까지 무한하다. 마치 심리학자 융(Jung)의 '집단 무의식'의 특징처럼 우리는 여러 분야에서 일반적이고 공통된 조건을 공유하기도 한다. 그러나 개개인이 모두 같은 앵커를 공유하지는 않는다. '누군가는 높은 곳(theme)에서 공포(plot)를 느끼지만 다른 누군가는 희열(plot)을 느낀다.'

우리 모두에게는 '신비주의'와 관련된 '주제(theme)'가 존재하며, 그 주제에 대해 각각 고유한 '구성(plot)'을 가지고 있다. 처음 만난 손님의 태도가 '호기심 가득한 눈빛'일지, '팔짱 낀 의심의 눈초리'일지는 그것에서 결정된다. 앞선 챕터에서 우리는 오컬트적 사고로부터 완전히 자유로울 수 없음을 살펴보았다. 또한 정도의 차이가 있을 뿐 타로를 찾는 사람들은 이미 거의 대부분 타로에 대한 기대감을 가지고 있다. 심지어 팔짱을 끼고 의심 가득한 눈초리를 하고 있는 손님조차 부담스럽게 생각할 필요가 없다. 그 손님은 이미 자신의 시간과 금전적 비용이라는 가치를 투자하여 타로를 보러왔기 때문이다. 겉보기와는 다르게 그러한 손님도 이미 타로 안으로 참여

할 준비를 마친 상태이다.

　마음이 활짝 열린 손님이든, 의심 가득한 손님이든, 타로를 통해 자연스럽게 그들의 마음을 가져올 수 있다. 종을 치는 의식을 통해 침의 분비량을 늘리듯 타로라는 리추얼(의식) 자체가 상대방을 신비주의 상태로 몰입시키는 힘을 갖기 때문이다.

　흰 가운을 입은 의사가 병원을 찾은 감기 환자에게 엉뚱한 행동을 지시해보는 실험이 있었다. 놀랍게도 환자는 의사가 시키는 대로 최대한 숨을 참아 보기도 하고 바닥에 엎드려 팔굽혀펴기를 실시하기도 했다. 병원과 흰 가운을 입은 의사라는 리추얼(의식)이 갖는 힘이다. 같은 의사가 후줄근한 복장으로 지하철 안에서 기침하는 사람에게 갑자기 이 같은 행위를 시켜본다고 상상해보라. 환자에게 지하철이라는 장소와 후줄근한 복장은 그의 말을 들을 적절한 '조건'이 아니다. 이는 기적과 이적을 행한다는 수많은 사이비 교주들이 효과를 얻는 이유와 동일하다. 그들이 설치해 놓은 주제와 구성은 참여한 이들로 하여금 실제로 체험토록 이끈다. 마찬가지로 타로 리딩이 정상적으로 진행돼 현실적인 체험이 일어나게 되면 텔러든 손님이든 모두 같은 주제(theme)에 빠져들게 된다. 한 가지 중요한 점은, 이렇게 주제 속에 빠져든 상황에서는 상호간에 '전이(Transference)'와 '역전이(Countertransference)'가 쉽게 일어나는데, 다시 말해 지금 설명하고 있는 현상들을 인지하지 못한 채 신비주의에 대한 어중간

한 포지션으로 리딩하게 되면, 상대방의 신기해하는 반응을 통해 리더 자신도 그 신기함 속으로 빠져들게 된다. '이게 맞는구나!', '타로는 진짜 뭐가 있긴 있구나?' 와 같은 체험이 신비주의를 더욱 믿게 만든다. 때문에 리추얼(의식)의 '메커니즘'을 이해하는 것이 무척 중요하다.

우리는 오컬트에 빠지지 않고 이를 활용할 수 있다.

이 방법은 바로 상대방 안의 신비주의라는 이름의 '주제'를 '구성'하고 있는 요소를 자극하는 것이다. 이미 타로라는 행위 자체가 리추얼(의식)의 힘을 확보하지만 좀 더 세세하게 자극해 효과를 극대화 할 수 있다. 조용한 명상음악을 재생한다거나 촛불이나 향을 태우는 것도 이를 자극할 수 있고, 멍하고 신비로운 눈빛, 모호한 시선 처리, 무게 있는 목소리 톤 같은 것들도 효과를 줄 수 있다. 그렇다, 바로 분위기를 형성하는 것이다. 상대방으로 하여금 카드를 섞는데 참여하게 하거나 카드를 직접 뽑도록 하는 것도 같은 자극점이며, 왼손으로 뽑으라고 지정해준다거나 눈을 감고 카드위에 손을 올려 강렬한 느낌이 오는 카드를 찾으라고 하는 것도 같은 맥락이다. 이전에 언급한 스스로 카드를 뒤집어 '부정' 탄 건 아닌지 깜짝 놀란 손님에겐, "아 괜찮아요, 별 상관없어요. 하하(필자는 이렇게 말한다)" 라고 말하기 보단 "괜찮습니다만 다음부터는 본인이 뒤집으시면 안 됩니다.

전체적인 에너지의 흐름에 영향을 끼칠 수 있거든요."와 같이 상대방의 반응을 활용한 모호한 말이 효과가 있다. 이처럼 '너는 모르고 나는 알고 있는' 포인트에서 생기는 이점을 활용해 옛 점술가처럼 스스로 권위를 획득할 수도 있다.

반대로 보자면, 반드시 왼손으로 뽑는다거나 카드를 만져도 된다거나 하는 것들은 사실 별 의미가 없다는 뜻이다. 즉, 아무 상관이 없다. 아주 좋은 소식이지 않은가. 당신은 냉수 한 사발 떠놓고 카드를 펼쳐 타로 신에게 기도를 드리지 않아도 괜찮다.

나는 개인적으로 타로 리딩에 신비주의 요소를 배제하는 편이다. 오히려 리딩을 진행하며 상대가 가진 신비주의적 관점을 부수기 위해 개입하기도 한다. 사실 나의 타로 리딩 속 잠재된 목표는 상대방이 더 이상 타로에 의존하지 않는 것, 다시 말해 더 이상 타로를 보지 않게 되는 것이다. 나는 그들이 의존하지 않아도 되는, 스스로의 인생을 개척해나가는 삶을 살길 바란다. 하지만 역설적이게도 타로라는 행위 자체가 오컬트적이기에 원하든 원하지 않든 리추얼(의식)의 효과 안에 있게 된다.

여러분들은 타로를 해나감에 있어 리추얼(의식)의 힘을 적극 활용할 수 있다. 그렇다면 훨씬 풍성한 리딩을 만들 수 있을 것이다. 혹은 리추얼(의식)의 원리를 이해한 채로 자신만의 독창적인 길을 걸어

갈 수도 있다. 물론 옳은 길이란 없다. 당신은 어떤 길을 택하든 당신을 위한 귀중한 경험들을 만나게 될 것이다. 그리고 언제가 됐든, 마음에 울림이 있는 길을 꼭 찾을 수 있길 바란다.

09

실패에 관하여
—————
틀리면 어떡해?

특이한 이력이지만 나는 고등학교 때 운동선
수로 활동했다. 종목은 복싱으로 종목의 특성상 훈련과 대회를 통해
많이 맞고 많이 때리는 경험을 할 수 있었다. 이는 분명 흔한 경험은
아닐 것이다. 훈련은 거의 날마다 이어졌는데 인간의 한계를 경험해
보는, 1분 1초가 그렇게 긴 시간이라는 것을 처절하게 학습할 수 있
는 시간이었다. 그러던 중 기억에 남는 일이 있다.

여느 때와 다를 바 없는 훈련시간이었는데, 훈련을 지켜보던 코치
님이 선수들에게 많이 답답함을 느꼈는지 서너 명의 선수들을 모아
놓고 물었다. "너희들 앞에 상대가 서있으면 어디를 쳐다봐?" 생소한
느낌이 드는 코치님의 질문에 잠시 생각하고 대답했다. "눈? 눈을 쳐
다봅니다." 코치님은 우리의 대답에 살짝 흥분하며 말했다. "눈을 왜

쳐다봐? 연애하게? 주먹을 봐야지! 주먹을 봐야 피하든지 할 거 아냐?"

신선하면서도 살짝 충격적인 느낌을 받았다. 주먹을 봐야 효과적인 대응을 할 수 있겠다는 납득이 갔다. 눈이 아닌 주먹을 봐야 안 맞을 수 있는 것이다. 다들 이 신선한 초점에 빠져들어 있을 때 한 선수가 질문했다. "코치님. 근데 주먹을 봤는데도 맞으면 어떡해요?" 우리 모두의 시선이 코치님에게 향했다. 코치님이 어떤 대답을 할지 무척 기대됐다. 이윽고 코치님이 말했다. "맞으면?.. 아프지!"

그렇다! 이 얼마나 당연한 말인가. 맞으면? 아프다. 복싱시합에서 맞는 게 이상한 일일까? 아니다. 아무리 효율적인 전략들을 준비해도 실전에선 예측하기 어렵고 복잡한 일들이 일어난다. 직관이 틀리는 것도 이상한 일이 아니다. 우리는 먼저 실패에 관한 관점을 살펴볼 필요가 있다.

일류 타자의 타율은 얼마나 될까? 미국의 프로야구 MLB(Major League Baseball)에 4할 대 타자가 있다고 가정해보자. 이 타자를 최고의 타자라 부르는데 이견이 없을 것이다. 그렇다면 모두가 인정하는 이 일류 타자는 투수가 자신을 향해 던지는 모든 공을 칠 수 있을까? 타율이 4할이라는 것은 10번 중 4번 성공한다는 의미, 그리고 10번 중 6번의 실패가 존재한다는 뜻이다. MLB에서 4할 대 타자는 1941년 테드 윌리엄스 이후로 아직까지도 나오지 않고 있다. 사람들은 지금 3할 대, 10번 중 7번 실패하는 선수를 '잘 한다' 고 칭한다. 전 세계 최고 실력자들이 모인 MLB의 모든 타자들은 10번 중 10번 모두 성공하기 위해 열심히 노력할 것이다. 그러나 중요한 점은 10 번 모두 성공하지 못한다는 현실에 대해 좌절하지 않는다는 사실이 다. 10번 중 10번 모두 성공할 수 있는 사람은 없다는 것을 알기 때 문이다. 굳이 타자뿐만이 아니다. 외야에선 그토록 직관이 발달 된 야구 선수들의 실책도 종종 볼 수 있다. 당연히 잡겠지 싶은 공을 어 이없게 놓치기도 한다. 다시 말하지만 동네 야구가 아닌 세계 최고 수준의 야구경기에서 일어나는 일이다.

사람들은 실패를 두려워한다. 실패라는 녀석을 어마어마한 공포 로 바라본다. 때문에 잔뜩 주눅이 들어 묻곤 한다. "(그렇게 했는데) 틀리 면 어떡하죠?" 이렇게 묻는 이들 중엔, 정말 '틀릴까봐' 아예 시작조 차 하지 않는 사람들도 많다. 여기 그러한 질문에 교과서적인 답변 이 있다. 틀리면 틀리는 것이다. 아무 일도 일어나지 않는다. 그토록 두렵게 여겼던 그곳엔 생각보다 별게 없다.

사실 우리에게 정말 필요한 건 운 좋은 '한 번에 성공' 이 아니라 기초를 다져 줄 '다수의 실패' 이다. 특히 초심자일 때는 더욱 그렇 다. 실패는 언제나 우리에게 '앎' 을 제공한다. 안정적인 성공을 위 해 반드시 필요한 경험이다. 내가 사용할 요리의 재료가 단지 짠지

먹어봐야 안다는 뜻이다. 어쩌면 그 재료는 가열했을 때 맛이 사라져버리는 특징이 있을 수 도 있다. 이 역시 해봐야 확실히 알 수 있다. 같은 재료와 같은 조리법을 공유해도 일류 요리사와 우리가 만드는 요리는 분명 차이가 있다. 그 차이는 '경험'에서 야기된다. 실패는 경험이라는 녀석을 튼튼하게 살찌워 맥락에 대한 깊은 이해를 돕는다.

'맞히기 게임'에서 틀리는 건 이상한 일이 아니다. 당연하다고까지 말할 수 있는 일이다. 그 두려움 속으로 과감히 들어갈 용기가 필요하다. 실패를 기꺼이 감내해낼 때 성공의 그림은 더욱 선명해진다.

물론 그렇게 생각할리 없겠지만, 이는 당연히 실패만 하란 뜻이 아니다. 성공을 위한 기반을 위해 실패를 받아들이라는 의미이다. 야구선수의 '실책' 같은 일은 되도록 일어나지 않도록 줄여야 한다. 때문에 타로 리딩 자체에서 발생하는 문제는 물론이고, 기본적인 커뮤니케이션에서 발생하는 오류도 줄여야만 한다. 기본적인 커뮤니케이션에서 발생하는 문제나 실수는 마치 야구선수의 실책과 같다. 상담자는 '한국'에 대해 물었는데 당신은 '미국'에 대한 말을 하는 실수를 줄여야한다. 이 같은 문제는 본 게임을 제대로 치를 수 없도록 만든다. 이를 위해 상담자가 궁금한 포인트가 무엇인지 집중해서 들고 정확하게 캐치해 낼 필요가 있다. 만약 지금까지의 대화가 부족하다면 조금 더 정확한 의사소통을 위해 조율해 나갈 수도 있다.

상대방과의 소통만큼 나 자신과의 소통도 중요하다. 나는 이 책을 통해 지금까지 '직관'을 강조해왔다. 그런데 보통 직관이라는 개념은 '추론'과 연결 짓지 않는 편이다. 하지만 직관은 추론과 함께 할 때 더욱 효과적인 시너지를 얻을 수 있다. 직관은 그 이후 판단, 추리, 연산과 같은 활동이 함께 작용할 때 더욱 완성형이 된다. 쉽게 말해, 통찰이 끝이 아니라 그 통찰이 타당한지, 그렇지 않은지에 대한 질문을 계속해서 스스로에게 던져야 한다. 인지와 준인지, 비인지 세 가지 인지 단계에서 받아들인 정보들은 서로 상반되기도 한다. 직관은 '그렇다'고 말하지만 이성적인 판단은 '아니다'라고 하는 순간들이 그러하다. 직관이든 이성이든 어느 한쪽만이 무조건 옳을 수 없기 때문에 우리가 가지고 있는 직관적 판단과 이성적 판단은 조율이 필요하다. 그리고 이를 위해 필요한 건 다름 아닌 '경험'이다. 계속해서 테스트하라. 그 테스트 속에서 몰랐던 사실들을 발견하라. 그러면 어느 순간 '그냥 알게' 된다. 직관적 판단과 이성적 판단이 충돌하는 상황이 줄어들 것이고, 충돌한다한들 당신만의 '답'으로 해결할 수 있게 된다. 꾸준한 경험을 통해 자신만의 독특한 직관과 이성에 익숙해지길 바란다.

NLP(Neuro-linguistic Programming)라는 분야에는 그 학문을 구성하는 몇 가지 기본 전제가 존재한다. 굳이 NLP를 깊이 공부하지 않더라도 이 전제들을 살펴보는 건 흥미로운 일일 수 있다. NLP의 기본전제 중에는 내가 특별히 좋아하는 전제가 있는데 이는 '실패'라는 관점에 대해 굉장히 도움이 되는 문장으로, 바로 '실패는 없다. 오직 피드백만이 있을 뿐(there is no failure, only feedback)'이라는 문장이다. NLP에서는 실패를 실패로 바라보지 않는다. 단지 하나의 입력 값에 대한 피드백으로서 받아들인다. 원하는 결과가 나오지 않았다면? 우리는 작동하지 않는 하나의 방법을 배운 것이며, 맥락에 대한 이해를 통해 다른 방법이나 루트를 찾을 수 있다. 이는 정말이지 훌륭한 마인드 셋(mindset)이다. '실패'라는 개념이 존재하지 않다보니 부정적인 평가로부터 자유로울 수 있고, 어떤 과제도 망설임 없이 최선을 다할 수 있게 한다.

이같이 실패에 대한 유연한 관점은 위대한 과학자 에디슨(Thomas Alva Edison)을 떠올리게 하는데, 에디슨의 유명한 일화 중 필라멘트 전구에 대한 실험이 있다. 그는 성공하기까지 같은 맥락의 실험을 약1500회 실시했다. 다시 말해 1500번 실패한 것이다. 그러나 그는 그것을 실패로 받아들이지 않았다. 그는 작동이 되지 않는 필라멘트 전구 1500개를 알게 된 것이라 여겼다. 실패가 아닌 배움. 정말 대단하면서도 사소한 차이이다. 누구에게나 1500번의 기회는 있을 것이다. 그와 같은 마음을 장착해 어떤 분야에서든 어떤 일에서든 우리 모두 또 다른 에디슨이 되길 소망한다.

10

비전
그 너머의 메시지

　　이제 짧다면 짧고 길다 하면 긴 여행의 종착지에 다다랐다. 우리는 지금까지의 여행을 통해 다양한 풍경을 함께 만나보았다. 어떤 풍경은 당신에게 기가 막힌 경관으로 다가왔을 수도 또 다른 어떤 풍경은 입맛에 맞지 않았을 수도 있다. 우리 모두의 기호가 다른 탓도 있겠지만 가이드 역할을 맡은 나의 역량도 분명 영향이 있었을 것이다. 내가 전하는 것 보다 더 많은 것을 얻었기를 바라는 욕심이 실제가 되길 바라는 마음이다.

　　이 파트는 직관에 대한 비전을 전하는 장이다. 당신은 이제까지 감상한 풍경들을 통해 어쩌면 지금부터 이야기 할 비전을 이미 확실하게, 혹은 어렴풋이 짐작할 수 있을 거라 생각한다. 여기서 말하고자 하는 비전은 어떤 대단하고 신비한 비기가 아니다. 나는 그런 신비한 비기는 알지도 못하고 알고 싶지도 않다. 다시 말해 그런 신비한 비기는 믿지 않는다. 내가 전할 비기는 너무나도 당연한 이치이다. 당연한 이치에 대한 관찰이자 통찰이다. 멋지고 화려하게 치장해 현혹하고 싶지 않다. 오로지 담백하고 단순하게 당신의 마음에 닿기를 바란다.

우리는 앞선 챕터를 통해 직관 강화의 첫 번째 비전을 살펴보았다. 이는 '경험과 노력' 이었고, 이어지는 파트들을 통해 지속적으로 다뤄졌다. 그리고 이제 직관 강화의 두 번째 비전을 공개한다. 직관 강화의 두 번째 비전은 바로 '정보' 이다. 우리는 어떤 분야의 직관을 형성하기 위해 크고 작은 맥락의 '정보' 가 필요하다. 이 정보는 누군가로부터 직접적으로 전해진 정보일 수도, 살아가면서 삶속에서 겪게 되는 개인적인 경험을 통해 적립한 정보일 수도 있다.

다양한 정보도 중요하지만 그 다음으로는 보다 '정확한 정보' 가 필요하다. 정확하고 유용한 정보는 영양가 있게 작용하지만 그렇지 않은 정보는 불필요한 에너지를 소모하도록 만든다. 이는 마치 당신이 이 책을 읽기 전과 읽고 난 후의 차이와도 같다. 만약 당신이 웨이트 트레이닝을 한다면 근육이 성장하지 않는 이유를 돌아봤을 것이며 타로를 한다면 스스로 허용한 환상 속에 갇혀있는 자신을 발견했을 것이다. '정확한 정보' 가 실력을, 폼의 격차를 만든다. 넓게 보면 이것이 있어야 삽질을 안 할 수 있다.

정보란 '어떻게?(How)'에 대한 접근이다. 같은 요리인데도 불구하고 설탕 한 스푼의 위력이 음식의 맛을 180도 바꿔놓을 수 있다. 우리는 각자 직면한 문제 속에서 언제든지 '어떻게?'에 대한 고민을 할 수 있다. 자신이 어떤 생각에 갇혀있는지, 보지 못하고 있는 면은 무엇인지 고민하고 찾아내는 과정은 그 자체로 충분히 유의미할 것이다. 그렇게 한 꺼풀씩 벗겨내는 경험이 목표에 한걸음씩 다가가도록 도우며 근본적인 우리의 성장을 이뤄낸다.

타로 리딩에는 '정보'를 어떻게 적용할 수 있을까?

먼저 우리는 직관의 첫 번째 비전인 '경험과 노력'을 통해 타로에 대한 기본적인 휴리스틱 패턴을 구축해야한다. 그 뒤 치르게 되는 실전 리딩은 '정보싸움'이 된다. 그동안 경험과 노력을 통해 구축해온 휴리스틱 패턴을 통해 상대에 대한 정보를 얼마나 직관적으로 받아들일 수 있는가에 대한 이야기이다. 얼마나 다양하고 깊이 있는 경험을 해왔느냐에 따라 상대방의 예민한 정보를 받아들일 수 있다. 그러나 이때 한 가지 문제가 발생한다. 우리가 제 아무리 다양한 경험을 했다한들 세상에 존재하는 모든 일을 겪을 수는 없다. 또한 모든 경험의 질이 충분히 깊을 수도 없다. 때문에 아무리 훌륭한 휴리스틱 패턴을 구축했다한들 백이면 백 모든 상황에 다 완벽한 리딩을 하는 것은 불가능하다. 이때 형성되는 리더와 상담자 두 사람 사이 정보의 형태를 바라보면, 오직 리더만이 상대에 대한 정보를 준인지, 비인지 수준에서 일방적으로 받아들이려 애쓰는 불균형적인 모습이 된다.

이때 타로를 리딩하는 우리에게 필요한 건 정보를 통한 맥락을 형성하는 것이다. 맥락이 형성되면 직관이 좀 더 효과적으로 활용될 수 있기 때문이다. 일방적으로 리더가 직관만을 활용하는 상태에서도 충분히 수준급의 리딩이 이루어질 수 있지만, 문제는 그렇지 않을 때다. 사실 언제나 온전한 리더의 직관만으로 퀄리티 있는 리딩을 하는 것은 한계가 있다. 정보의 양이 부족해 직관의 영향력이 감소하기 때문이다. 직관만으로 충분히 확신이 서지 않는 이런 상황은 비일비재하다. 이럴 때는 정보의 균형을 맞추면 된다. 리더의 휴리스틱 패턴과 상대방을 조율하는 것이다. 부족한 정보의 맥락을 만들기 위해 필요한 단 하나는 '질문(정보)'이다. 상대방에게 필요한 부분을 물어보라. 리딩을 위한 정보와 시그널들을 확보하라. 기억하는가? 답은 당신 앞에 앉아있다. 질문하기를 주저하지 말라. 질문을 통해 확보한 정보는 지금 현재 당신의 휴리스틱 패턴 중 활용 가능성이 높은 방향을 제시해 준다. 상대에 대한 정보가 하나씩 늘어날 때마다 당신이 훈련해 온 직관과 휴리스틱 패턴은 더욱 더 빛을 발하게 된다.

'질문'을 통한 정보력 컨트롤은 낮은 수준의 직관으로도 퀄리티 있는 리딩을 가능케 만든다. 비욘드 타로 강의는 실습 시간이 상당히 많은데, 나는 수강생들에게 카드에 대한 키워드를 알려주지 않고 실습을 진행한다. 실습을 통해 수강생들은 타로에 대한 정보 없이 오로지 직관으로 서로를 리딩하게 되고 그 과정 속에서 당연히 어려움을 느끼게 된다. 충분한 실습이 이뤄지고 난 강의 후반부에 지금 말하고 있는 '질문'에 대한 이론을 전해주는데 이때부터 수강생들의 월등히 향상된 리딩을 볼 수 있게 된다.

실습을 마친 강의 후반부에 여러 명의 수강생들을 모아놓고 질문했다. "나를 포함한 이 전체에서 누가 가장 리딩하기 쉽고, 누가 가장 리딩하기 어려웠나요?" 수강생들의 대답은 모두 동일했다. 가장 쉬웠던 건 강의를 진행했던 나, 가장 어려웠던 건 수강생 중 제일 조용하고 말이 없던 분이었다. 나는 매번 이 질문의 답을 알고도 질문한다. 나는 강의 내내 가장 많이 말한다. 나는 몇 시간 동안이나 그들에게 나에 대한 정보를 노출한다. 나의 신념이 담긴 말, 목소리 톤, 웃기도 하고 심각해지기도 하는 표정, 어떨 때 인상을 쓰고 어떨 때 가벼워지는지 그들은 충분히 경험한다. 내가 그들에게 가장 편한 리딩의 대상이 되는 이유는 명백하다. 반대로 말수가 적고 표정의 변화가 없고 목소리가 또렷하지 않고 시선을 잘 마주치지 않는 이가 제일 어려웠던 이유도 동일하다. 그것은 정보, 모두 정보 때문이다.

우리가 지금까지 살펴 본 이 모든 과정은 결국 우리 내부의 휴리스틱 패턴 덩어리에 대한 지속적인 퀄리티 구축이며, 이는 무수한 정보 다발로 이루어져 있고, 외부와 관계를 맺을 땐 내부의 정보와 외부 정보의 조율을 이뤄낸다. 또한 이때 내부, 외부의 맥락을 잘 파악해 효과적으로 휴리스틱 패턴을 전개해 나가는 것을 '실력'이라 할 수 있다.

이 책은 타로에 관한 책이다. 표면적으로 분명 그러하다. 때문에 계속해서 타로에 관한 내용들을 이야기 해왔지만 사실 꼭 타로에 관한 책인 것만은 아니다.

내가 이 책을 통해 여러분께 반드시 전하고 싶은 것은 '메시지'에 대한 내용이었다. 어떤 정보와 어떻게 관계를 구축하느냐에 따라 결과 값이 상이해짐을 알리고 싶었다. 나는 여러분이 현혹되지 않고, 오직 단순하지만 확실한 이치를 좇길 바란다. 우리는 이 같은 진리를 통해 원하는 꿈과 목표를 현실화 할 수 있다.

이 책을 통한 그동안의 경험으로 여러분이 '타로'와 '메시지' 두 마리의 토끼를 모두 잡았기를 소망하며 이만 글을 줄인다. 그리고 마지막으로 덧붙이고 싶은 말이 있다. 혹시 책을 한 번 더 읽을 계획이 있다면, '직관'을 '성공' 혹은 '목표'란 단어로 대입해서 읽어보길 바란다. 단어를 대입해서 읽으면 이 두 단어는 다르지 않다는 것을 알게 될 것이다.

Chapter

04

타로의
실전

4장을 들어가면서

만약 리더가 1000명이 있다면 1000가지의 리딩 스타일이 존재할 수 있다. 모두 각자의 개성이 있기 때문이다. 그런데 과연 1000가지의 리딩은 근본적으로 모두 다를까? 리딩의 과정부터 순서, 결과에 이르기까지 1000가지의 리딩은 서로 중첩되는 부분이 없을까? 상담자의 입장에서 어쩌면 여러 리더에게 서로 다른 스타일의 리딩을 받았지만 왠지 결과는 비슷한 말같이 느끼는 경우도 많지 않을까?

같은 대상에 대해 타로를 '잘' 보는 사람들은 비슷한 결과를 도출한다. 얼마 전 찾은 '용한 무당'에게 들은 것과 비슷하다거나, 전에 봤던 '사주'와 같은 결과라거나 하는 말을 나는 자주 듣는다. 그럴 수밖에 없는 것이, 같은 맥락의 직관에 있어 그 수준이 어느 한계점을 넘어 비등하다면 비슷한 결과를 찾아낼 것이기 때문이다. 복잡하지 않다. 서로 다른 도구를 사용할지라도 결국 상대방이 어떤 작물을 심었고 어떤 열매가 열릴지를 찾는 과정일 뿐이다.

이 장은 실전에서 리더의 머릿속에 스쳐 지나가는 생각들을 엿보는 장이다. 보통의 타로 서적은 카드와 상황을 설정하고 그것을 통변하는 방법을 알려준다. 또한 보통의 타로 서적은 거의 항상 이 말을 덧붙인다. '하지만 반드시 그런 것은 아니다.', '상황에 따라 다를 수 있다.' 등. 이 말들은 자신이 제시한 리딩 방법이 사실은 '이럴 수도 저럴 수도 있다'는 의미이다. 이처럼 불확실한 통변의 예시가 과연 얼마나 도움이 될까.

이 장에서는 이 책을 통해 그간 배운 것들이 실전에서 어떻게 작용하는지 세세히 시뮬레이션 한다. 다시 말해 '키워드'에 따른 불확실한 통변

방식이 아닌 실제 상황에서 어떤 역동성으로 리딩을 풀어나가게 되는지 공개한다.

실제 리딩은 워낙 광범위하기에 그 틀을 모두 담는 것은 불가능하다. 때문에 그 중에서도 극히 일부만을 선택해 다뤄볼 것이다. 하지만 그것으로 충분하리라 생각된다. 왜냐하면 우리가 이 장을 통해 배우려 하는 것은 실제 휴리스틱 패턴이 어떻게 작용하는가에 대한 것이기 때문이다. 다른 이의 휴리스틱 패턴을 엿볼 수 있는 건 굉장히 도움이 된다. 우리는 그를 통해 모방도, 응용도 해낼 수 있다. 때문에 의미 없이 잊혀 질 수많은 통변 예시보다, 오히려 단 한 번의 패턴 경험이 당신에게 훨씬 더 도움이 될 것을 확신한다. 이 해당 장의 내용과 더불어 혼자만의 충분한 사색을 통해 당신만의 고유한 스타일을 만들어 나가길 바란다.

01

실전 타로

 타로 리딩은 다음 두 가지를 통해 그 진가를 발휘한다. 첫째, 타로에 대한 정의. 타로를 어떻게 바라보고 어떻게 평가하느냐에 따라 나 자신이 노력해야 할 부분과 그러지 않아도 되는 부분을 바로 볼 수 있다. 이는 지금까지 살펴본 내용과 다르지 않다.

 둘째, 대화의 역동을 어떻게 읽어내고 어떻게 이끌어 갈 것인가. 이는 역시 기본적으로 경험과 노력을 통해 체득이 가능하다. 그리고 사실 이 부분은 비교적 손쉬운 방법을 통해 빠르게 채울 수 있는 방법이 존재한다. 바로 '간접 경험'이다. 직접 경험은 생생한 각인효과를 동반하지만 학습의 대상이 너무나도 광범위하고 오래 걸린다는 단점이 있다. 그에 비해 간접경험은 비교적 학습 효과는 떨어질 수 있지만 빠르고 손쉽게 다양한 경험을 만나 볼 수 있다. 대중적으로는 학교나 학원 혹은 헬스트레이너에게 받는 PT 등 모두 직간접적인 교육을 실시하는데, 그 모든 교육의 질이 동일하지만은 않다. 이는 모두 '사람'이 하는 일이기에 그렇다. 같은 과목을 가르치는 강사 중에서도 유독 전국에서 내로라하는 스타강사들이 존재하는데 이들 중에는 천문학적인 몸값을 받는 이도 있다. 이러한 현상은 사실 너무나도 자연스러운 일인데 결국 그들의 노하우(휴리스틱 패턴)에 대한 가치를 인정받았기 때문이다. 그들의 휴리스틱 패턴이 가진 여타 휴리스틱 패턴들과의 차이가 효율을 극대화 시킨다.

실전 타로 리딩은 어떻게 진행될까?

나의 타로 리딩은 기본적으로 상대방(상담자)과 나(리더)의 연결감을 확보하는 작업이다. 아니 사실 이것이 모든 타로 리딩의 알파이자 오메가라고 말할 수 있다. 상대방과의 연결감 없이 지극히 독단적인 리딩을 한다고 주장하는 이들도 있다. 먼저 이야기 할 것은 이는 불가능하다. 리더와 상담자 두 사람이 마주치는 순간 우리의 무의식은 이미 탐색을 시작하기 때문이다. 이처럼 무조건 연결되는 가상의 선을 리더가 활용하느냐 무시하느냐가 큰 차이를 갖는다. 내가 지금까지 만난, 이를 무시하는 '정말' 독단적인 대부분의 타로 리더들은 타로를 잘 보지 못했다. 앞에 앉은 상대방을 철저히 무시하고 키워드로서 카드를 읽기만 하는데, 듣고 있는 상대방도, 말하고 있는 리더도 무슨 말을 하고 있는지 모르는 경우가 빈번하다.

상대방과의 연결감 없이 독단적인 리딩으로 꾸준히 좋은 결과를 도출해 내는 분들이 있다. 그러나 이는 사실이 아니다. 이 경우 겉으로 보기에는 독단적인 리딩처럼 보일 수 있겠으나 리더가 직관을 통해 빠르고 효과적으로 상대방과 연결한 경우이다. 이 경우 리더는 절대 '초보'일 리가 없으며 이미 수준급의 직관을 발달시켰기에 가능한 일이다. 다시 말해 타로 리딩을 잘 해내기 위해서는 반드시 연결감을 확보해내야만 한다.

여기서 말하고 있는 연결감이란 리더의 휴리스틱 패턴과 상대방의 조율을 의미한다. 여기엔 두 개의 고유한 대상이 등장한다. 하나는 리더의 '휴리스틱 패턴', 다른 하나는 '상대방'이다. 둘은 물과 기름처럼 엄연히 서로 다른 존재이다. 이때 타로라는 도구는 '비커'의 역할을 하며 '물'과 '기름'을 일단 한 곳에서 만날 수 있도록 돕는다. 하지만 비커라는 한 공간 안에 물과 기름을 붓는다한들 둘이 섞이는 것은 아니다. 이때 타로 리더는 '타로 리딩'이라는 '비누'를 풀어 두 존재가 섞이기를 꾀한다.

그러나 모든 타로 리딩이 두 사람의 만족감을 만들어 주지는 않는다. 어떤 타로 리딩은 오히려 상담자로 하여금 화나고 짜증나게 만드는 역효과를 가져오기도 한다. 리더는 분명 비누를 풀었는데 둘은 섞이지 않은 것이다. 그렇다면! 과연 비누를 풀었다고 믿은 리더는 무엇을 푼 것일까. 그렇다, 사실 '타로 리딩' 그 자체는 '비누'가 될 수 없다. 물과 기름이 섞일 수 있도록 돕는 비누는 바로 타로리더가 행하는 '적절한 말'이다.

　'적절한 말'이란 굉장히 심오하고 복잡하다. 리딩 과정 중에 있어, 일부러 뜸을 들이기도 하고, 의도된 작은 탄식을 흘리기도 한다. 시선을 피할 때도 또한 강렬히 마주 볼 때도 있다. 앞서 언급했지만 이는 결코 '전부' 드러내 말해 줄 수 없다. 다만 오직 단편적인 만남들을 통해 '맛' 보고 깨달을 수 있을 뿐이다. 그 과정이 잘 풀릴 수도, 또한 그렇지 않을 수도 있음은 당연하다. 오로지 부딪히고 깨닫는 과정을 통해서만 조금씩 알아가고 성장해 나갈 수 있다.
　타로의 실전 리딩은 온통 변수 투성이다. '타워(the tower)' 카드가 '실패'를 의미하기도 혹은 그 반대편인 '실패의 종결'을 의미하기도 한다. 이처럼 역설적인 것은 카드뿐 아니라 사람도 마찬가지다. 사실 사람이 더 커다란 벽이다. 사람은 간단히 몇 개의 키워드로 정의할 수 없다. 우리가 만나는 이들이 살아온 인생은 우리가 유추하는 것보다 항상 더 위대하며 심오하다. 때문에 우리는 어렴풋이나마 사람을 읽기(reading)란 얼마나 어려울지 짐작할 수 있다. 그 어려움은 자기 자신에게서도 찾을 수 있다. 나 또한 나 자신의 모든 휴리스틱 패턴을 알지 못한다. 이미 행한 것을 천천히 복기하며 관찰할 때 비로소 하나씩 발견할 수 있을 뿐이다. 우리는 나 자신 조차 온전히 알 수 없는데 다른 이를 어찌 확실히 알 수 있을까. 그래서 우리는 항상 이런 마음으로 있어야만 한다. '우리는 그들을 결코 알지 못한다.' 는 마음 말이다. 진정 모르기 때문에 궁금하고 알고 싶다는 욕구가 우리를 더 성장케 한다. 그리고 그 마음이 비로소 두 사람을 연결시키는 시발점이 돼 줄 것이다.

우리는 지금부터 본격적으로 타로 리딩에 대한 '간접경험' 을 할 것이다. 직접경험과 간접경험은 그 학습효과에 있어 직접경험이 더 유용한 편이다. 이 둘의 가장 큰 차이는 바로 임장감(생생함)에 있다. 온몸의 감각을 통해 강렬히 경험한 내용은 우리의 뇌리에 더 잘 각인되는 편이다. 지금 우리는 비록 직접 보고, 듣고, 만질 수 없지만, 이 글에 집중함으로써 보다 생생하고 선명하게 상상할 수 있는 능력이 이미 모두에게 있다. 이러한 능력을 백분 활용해 마치 현장에 있는 것처럼 생생하게 보고, 듣고, 느껴 학습 효과를 극대화 할 수 있길 바란다. 백문이 불여일견. 이제 다음 파트를 통해 실전 리딩 현장을 만나보도록 하자.

실전 타로 예시 **1**

리더 | 안녕하세요! 이쪽으로 앉으세요.

상담자와 첫 대면을 한다. 이미 이 순간부터 집중해서 상담자의 모든 것을 스캔하기 시작한다. 그렇다고 너무 바짝 힘이 들어가진 않는다.

상담자의 얼굴, 안면근육의 움직임, 목소리, 시선처리, 옷차림, 액세서리 등 모든 것이 귀중한 단서가 된다. 상담자는 여성으로 나이는 이십 대 초중반, 긴장한 듯 굳게 다문 입술과 처져있는 입 꼬리, 그리고 경직되고 낮은 목소리를 통해 '좋지 않은 일'로 이곳을 찾은 것이란 느낌을 받는다. 대학생으로 보이는 나이에 수수한 복장과 한 듯, 안한 듯 연한 화장, 동그란 안경 속의 눈은 시선을 잘 못 마주치며 조용조용한 말투로 인해 그녀의 성격과 라이프 스타일에 대한 청사진이 그려진다.

상담자가 자리에 앉는 속도와 그 과정을 유심히 바라보고 그녀가 자리에 완전히 착석한 뒤 나는 미소를 띠고 입을 연다.

리더 | 어떤 것 때문에 오셨을까요?

보통 이 질문을 하는 타이밍에 상담자의 반응은 몇 가지 패턴으로 나뉜다. 자신이 가지고 온 구체적인 고민을 말하는 경우와 순간 살짝 당황하며 어찌해야할지 모르는 경우가 주를 이룬다. 이중 후자는 상담자의 니즈가 불투명하고 타로리더가 '알아서' 해주길 바라는 경우이다.

"아.. 미래를 보려고 왔어요." 라는 대답도 자주 듣는데 이때 나는 상담자와 조율해서 질문의 초점을 맞추는 편이다. 상담자가 타로를 찾는 이유는 당연히 미래를 알기 위함인데 이를 '연애', '학업', '직업', '건강' 등의 운으로 구체화한다. 이러한 조율은 리딩을 진행하는 중에도 마찬가지이다. 예를 들어 "제가 미래에 행복할까요? 잘 살까요?" 같은 추상도 높은 질문은 리딩하기에 정확도가 떨어진다. 상담자는 미래에, '사랑'에 대해서는 행복하지만 '돈'에 대해서는 불행할 수 있지 않은가. 그렇다면 그의 '미래'를 행복하다고 해야 할지, 불행하다고 해야 할지 한 가지로 콕 집어 말해줄 수 없다. 때문에 리딩을 해나감에 있어 추상적인 상담자의 말들은 그때그때 '대화'를 통해 구체적으로 치환하도록 한다. 우리는 결코 알 수 없기에 상담자가 무엇을 원하는지 정확히 찾는 것이다.

상담자 | 연애 운을 보려고 하는데요.

이런 경우 그녀의 대답과 분위기를 통해 그녀가 해당 범주에 대해 나름 뚜렷한 문제를 가지고 왔음을 알 수 있다.

연애운의 경우 직관을 통해 질문 없이 리딩을 진행하기도 하지만, 일반적으로 다음의 질문을 던지는 편이다. "남자(여자)친구 있으세요?" 우리는 이 질문을 하는 '메커니즘'을 이해해야 한다. 이 부분에 대해 충분한 시간을 두고 생각해보길 바란다.

먼저 애인이 있는지, 없는지를 무리해서 '반드시' 맞힐 필요는 없다. 우리가 무언가를 맞힌다면 포인트를 획득하는 것이고 그렇지 않다면 '마이너스'가 아닌 '제로'로써 아무 일도 일어나지 않는다. 우리는 '질문'과 대화를 통해 우리의 직관이 더 강하게 작동할 수 있도록 정보를 수집할 수 있다. 물론 너무 많은 질문은 좋지 않다. 상담사의 환상을 깨기 때문이다. 때문에 시기적질한 영양가 있는 질문들을 던져 상담자와의 연결감과 흐름을 확보할 수 있어야 한다.

"애인 있으세요?"라는 질문은 굉장히 효과적이다. 이 질문 하나로 얻을 수 있는 것이 많다. 이 질문 전에, '내 앞에 앉은 상담자가 애인이 있을까 없을까?' 라는 고민에 갇히게 되면 굉장히 암담하다. 리더는 이같이 '내가 그걸 어떻게 알아?' 라는 의문이 드는 상황에 자주 봉착할 수 있다. 그럴 때는 대화를 통해 유연하게 풀어나가야 한다.

애인이 있냐는 질문에 대한 반응은 크게 두 가지가 아닌 세 가지이다. 첫 번째는 '있다' 는 반응이고 두 번째는 '없다' 는 반응, 마지막 세 번째는 "음..." 작은 탄식을 뱉으며 뜸을 들이는 경우이다. 세 번째 반응은 또 여러 경우로 해석할 수 있다. 최근에 이별을 했다거나, '썸' 을 타고 있다거나, 애매한 관계의 이성이 있다거나 등등 이다. 리딩은 언제나 타이밍을 잘 잡았을 때 포인트를 획득하게 되는데 이처럼 리더의 질문에 대해 상담자가 잠시 생각에 잠길 경우 "아! 네 알겠습니다." 하고 상담자의 말을 끊으며 대답을 듣지 않은 채 다음 대화로 유도 할 수도 있다. 물론 이는 이제껏 리더가 확보한 정보를 통해 다음 리딩을 이끌 자신이 있는 상태에서 직관에 대한 확신이 있을 때 진행해야 하며 찰나의 정보로 유효한 포인트를 획득하게 된다. 애인이 있다거나, 혹은 없다거나, 혹은 뭔가가 있다거나 하는 상황을 아는 것만으로도 풀어나갈 방향이 굉장히 선명해진다.

현 상황의 상담자의 경우, 남자친구가 있거나 불과 얼마 전까지 있었던 것으로 과감한 리딩을 실행할 수 있다. 앞서 세 단계의 인지 수준에서 수집된 정보를 통해 이미 그녀가 남자와의 '안 좋은' 문제로 이곳을 찾았음을 '알 수' 있기 때문이다. 때문에 군이 남자친구가 있는지에 대한 질문을 던질 필요 없이 리딩을 진행 한다.

리더 | 연애운을 보러 오셨군요. 네 알겠습니다. 한번 보도록 할까요?

이 타이밍에 "좋습니다. 특별히 궁금한 포인트가 있으신가요?"라며 한 번 더 질문을 던질 수도 있다. 이 질문은 상담자가 가지고 온 고민에 대한 핵심 정보들을 스스로 풀어 놓도록 유도한다.

혹 상담자가 "그냥 답답해서요.."라며 구체적인 이야기 없이 은근 슬쩍 넘어갈 수도 있는데 그러한 반응조차 리더에게는 도움이 된다. 반복해서 말하지만, 직관과 리딩에 대한 자신감이 있다면 질문은 얼마든지 생략해도 좋다. 질문을 생략할 수 있다면 그만큼 더 포인트를 획득하게 된다. 이 상황 속에서는 질문 없이 바로 카드를 셔플하고 상담자에게 몇 장의 카드를 뽑도록 한다.

리더 | (카드를 펼친 뒤) 네, 가장 느낌이 오는 카드 7장만 뽑아보시겠어요? 카드는 전부 왼손으로 뽑도록 하겠습니다.

왼손을 지정해 주는 이유는 앞선 챕터에서 이미 설명한바 있기에 생략한다. 나의 경우 상담자가 평소 사용하지 않는 손을 사용하게 함으로서 조금 더 상황에 '집중' 하길 바라는 요량으로 이 같은 멘트를 사용한다. 사실 큰 의미는 없다.

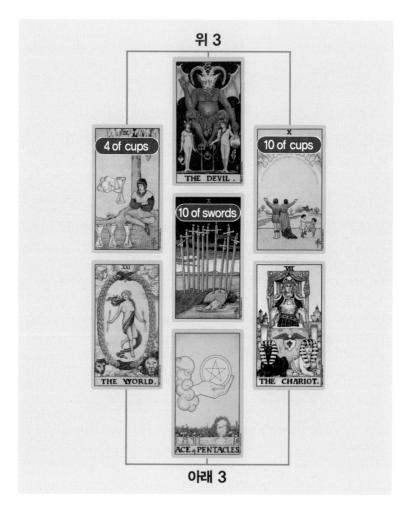

이제 카드를 보자. 상담자가 선택한 카드를 바라보면 현재까지의 정보들과 융합이 돼, 직관적인 느낌으로 다가온다. 이는 뚜렷하고 구체적인 느낌을 가진 부분도 있지만 어렴풋하고 희미한 부분도 함께 존재한다. 만약 모든 '부분'이 뚜렷하지 않다면! 보통은 뚜렷한 부분들을 먼저 풀어나가며 상담자와의 연결감을 지속적으로 늘려나가면 된다. 그렇게 리딩이 진행되면서 희미했던 부분들이 또렷해지기 때문이다. 하나씩 단서를 확보해 나가면 된다.

나는 이 카드들을 통해 첫째, 상담자는 현재 남자친구가 있으며 둘째, 연애의 기간이 꽤 길고 셋째, 좋지 않은, 다시 말해 '헤어짐의 기로' 수준의 상황에 있다는 것을 알게 됐다. 반복해서 말하지만 이는 상담자와의 첫 만남부터 지금까지 세 인지 수준에서 얻은 정보를 카드에 투사하는 것이다. 마치 무작위로 흩뿌려진 퍼즐 조각들(정보)을 맞출 수 있는 퍼즐 판(카드)을 제공 받는 것과 같다. 카드의 역할은 정보를 어떻게 풀어낼지에 대한 가이드라인인 것이다.

같은 배열의 카드라도 '솔로'의 상황에서 보는 것과 '연인'의 상황에서 보는 것, 어떤 상황과 카드를 연결 짓느냐에 따라 그 맥락이 완전히 달라진다. 이 상황에서는 '연인'의 맥락에서 확신을 가지고 카드를 바라본다. 카드를 보고도 모호한 부분이 있다면 확신이 오는 리딩을 먼저 풀어나간다.

리더 ㅣ 아.. 좋지 않네요.. 남자친구가 있으시네요. 꽤 오래 만난 것 같은데 얼마나 만나셨죠? 한.. 2년쯤 됐나요?

일반적으로 이 상황에서도 "애인 있으세요?"의 질문처럼 효과적인 질문들이 있다. 바로 "지금 애인과 얼마나 되셨어요?"나 "지금까지 연애 몇 번 해보셨어요?" 같은 질문이다. 두 가지 질문 모두 상대방의 연애스타일을 무한히 유추할 수 있는 힘을 가진 질문들이다. 한 예로 22살 인데 연애를 30번 해봤다고 말한다면? 굳이 카드 없이도 할 수 있는 말이 많을 것이다. 첫 번째 질문과 마찬가지로 가상의 상담자 커플의 연애 기간을 질문을 통해 알게 된다면 무엇을 유추할 수 있을지 한번 천천히 생각해보길 바란다.

지금의 상황에서 '얼마나 만나셨죠? 한 2년쯤?' 이라 한 말은 사실 질문을 한 것이 아니다. 오래 만났음을 확신하되, 혹시 모를 안전장치를 슬며시 설치한 말이다. 2년 이라는 기간은 철저히 직관적으로 느껴지는 기간을 선택한 것으로 그것이 정확하다면 역시 포인트를 획득하게 된다. 그러나 상담자의 연애 기간이 2년 보다 더더욱 길거나 혹은 매우 짧을 수 있는데 이런 경우에도 사실 아무 상관이 없다. 이를 최면 분야에서는 노 페일 프로토콜(no fail protocol)이라 부르는데 타로에서는 틀린 것을 틀린 것이 아니도록 만드는 경우 사용할 수 있겠다. 예를 들어 상대방의 연애기간이 예상보다 길 경우 "3년을 만나셨나요? 카드에서는 연애의 기간이 굉장히 길다고 나오는데, 당신이 너무 어려 보여서 당신 나이에 2년 정도면 엄청 긴 게 아닌가 싶었습니다. 그런데 2년을 넘어서 3년이라면 정말 기네요?" 라거나, 반대로 너무 짧다면 "이제 100일쯤 되셨어요? 그런데 카드는 그렇게 이야기하고 있지 않아요. 100일이면 지금 한창 좋을 때 아닌가요? 근데 카드는 산전수전 다 겪은 커플처럼 사실 안정적이지 않거든요. 마치 몇 년 사귄 커플처럼 식상하고 위태로워요" 라는 식으로 풀 수 있다. 상황에 따라 만약 상담자가 매번 짧은 연애만 했었다면 "당신이 100일이나 만났어요? 대단하네요. 당신한테 100일은 일반적인 커플일 경우 2년 정도에 해당하겠는데요?" 라는 식으로 맞출 수도 있다. 마이너스로 향하고 있는 포인트는 말을 통해 얼마든지 제로나 플러스로 되돌릴 수 있다.

상담자 ㅣ 아 네. 그쯤 된 것 같아요.

상담자의 대답을 통해 커플의 만남이 2년쯤 됐다는 것을 확인할 수 있었다. 애초에 이 질문은 커플의 만남 기간을 정확히 확인하고 넘어가기 위함이었다. 20대 초중반의 어린 그녀에게 2년이라는 연애기간은 결코 짧지 않을 것이다. 이 새롭고 확실한 정보와 지금까지의 정보(우울해 보이는 그녀)를 통해 둘의 이별을 더욱 확신한다. 다만 남녀의 이별은 늘 복잡하다. 이를 어떻게 풀어야 할까? 둘은 이별을 한 것일까, 아니면 이별하기 직전일까? 이별을 그녀가 고했을까, 남자가 고했을까? 디테일 한 것을 맞힐수록 포인트를 획득하는 법. 더 질문을 할 수 있으나 이 타이밍은 더 질문을 던지기 보다는 자신 있게 리딩하는 것이 적합하다 판단된다.

리더 | 두 분 중에 누가 더 착하냐고 묻는다면 당신이고요.(아래3 위3 비교) 누가 더 상대방을 사랑하느냐 묻는다면 역시 당신이고요.(아래3 위 3 비교) 누가 더 힘들까를 묻는다면 이 역시 당신이네요.(아래3, 10 of swords) 물론 남자친구도 당신을 사랑하지만..(the devil, 10 of cups) 안타깝게도 제가 보기엔 그 마음이 아름답고 순수해 보이지는 않네요.(위3) 당신은 꽤나 '졸보'로 나와요.(아래3) 관계를 위해 열심히 노력은 한 것 같은데...(ace of pentacles) 분명 당신도 이미 알고 있을 거예요. 정말 안타깝게도 사실 결론은 이미 나 있어요...(전체, 10 of swords) 남자친구 쪽에서 이별의 기운이 강하게 느껴지네요.(the devil, 4 of cups, 10 of swords) 어떤가요?

아래쪽을 상담자(내부), 위쪽을 상담자의 남자친구(외부)로 보았다(꼭 그렇게 보지 않아도 된다). 이를 토대로 상담자의 마음과 성향을 파악하고 남자친구의 마음과 성향을 파악해 볼 때, 이별은 남자가 고했음을 확신했다. 때문에 확실한 부분부터 중점적으로 풀어나가기 시작한 것이다.

'결론이 이미 나 있다.', '남자친구 쪽에서 이별이 보인다.' 와 같은 말들은 모호한 언어이다. 이는 수많은 장치를 설치한 트릭과도 같다. 또한 두 문장 어디에도 상담자의 확실한 '현재 이별 여부' 는 배제돼있다. 리더는 상담자가 이미 헤어졌는지 혹은 아직 헤어지는 중인지 확실히 모른다. 때문에 그 부분을 무리해서 맞히지 않았다. 하지만 '이별' 이 메인 주제인 것은 확신하고 있으므로, 이를 모호한 언어를 사용함으로써 상담자로 하여금 리더가 자신의 상황을 맞혔다고 믿게 했다. 마찬가지로 '남자친구 쪽에서 이별의 기운이 강하게 느껴지네요. 어떤가요?' 는 상담자가 받아들이기에 단순한 질문이 아니다. 스스로 자신의 이야기를 꺼내게 되는 마법과도 같은 말이다.

상담자 | 네 맞아요...

라는 말을 시작으로 상담자의 진술이 생각보다 조금 길어진다. 긴 대화를 의도한 것은 아니지만 크게 상관없다. 그녀와의 대화를 통해 더 많은 정보를 확보할 수 있고 비교적 흐릿했던 카드들의 메시지가 뚜렷해진다. 카드의 메시지가 뚜렷해진다는 말을 조금 거칠게 표현해 보자면, 상담자의 상황에 카드의 의미를 '끼워 맞출' 포인트를 찾았다는 뜻이다.

상담자의 상황은 이러하다. 그동안 만나온 남자친구가 있는데 얼마 전 그녀에게 이별을 고한 것. 그녀는 남자친구를 잡게 되고 둘은 다시 만나고는 있는데 여자의 마음이 편치 않은 상황이다. 상담자의 고민은 헤어져야 할지, 말아야 할지를 모르겠다는 것이다.

이 정도면 엄청나게 많은 정보를 얻었다. 더불어 상담자가 뭘 가장 원하고 있는지도 확인할 수 있었다.

이후의 대화는 다음의 카드들을 리딩하면서 동시에 상담자의 반응을 체크하고 조율하는 과정을 거쳤다.

the devil ㅣ 남자 친구의 욕구 욕망. 여자 친구를 가지긴 싫고 남 주긴 아쉬운 '계륵'으로 보는 입장. 여자 친구와의 이별을 원하는데 '여자 친구'가 아닌 '파트너'로 남는다면 좋겠음. 다른 기회(이성)도 잡고 싶음. 여자친구가 '파트너'로 남아 주지 않고 떠난다면 유감이지만 그래도 상관없음. '나쁜 사람'으로 남고 싶지 않음. 관점에 따라 '비겁한 태도.'

10 of cups ㅣ 남자 친구의 마음. 남자 친구는 여자 친구인 상담자를 만나면 나쁘게 대하지 않고 잘 해줄 것임. 상담자로 하여금 '행복', '재미'와 같은 감정을 느낄 수 있게 할 것임. 그렇다고 그 시간을 거짓이라고 볼

수는 없음. 남자도 그 시간은 진심이기는 함. '숲과 나무' 의 비유로 본다면 나무.

4 of cups | 남자친구의 마음. 근본적인 마음이 뜨겁던 이전과 같지 않음. 여자 친구에 대한 마음이 변했다는 의미. 싫지는 않지만 그렇다고 딱히 좋지도 않음. 관계가 지루하고 식상하고 귀찮음. '숲과 나무' 의 비유로 본다면 숲.

10 of swords | 결론. 칼에 찔려 죽어있는 사람.

한 카드의 의미는 여러 의미로 활용되기도 하고, 다른 자리에서도 적용이 가능하다. 예를 들어 the devil 카드의 '나쁜 사람이 되고 싶지 않은' 남자의 태도는 전체를 관통하는 메인 메시지가 될 수 있다. 나쁜 사람이 되고 싶지 않기에 만나면 잘해주고(10 of cups), 나쁜 사람이 되고 싶지 않기에 확실한 이별을 고하지 않고(4 of cups), 나쁜 사람이 되고 싶지 않기에 상처를 주고 있다(10 of swords).

위의 내용을 토대로 리딩과 함께 많은 대화가 이루어진다. 리딩을 통해 상담자의 상황을 맞히는 과정과 상담자의 피드백을 얻는 과정의 반복이다. 맞힌 부분은 포인트가 차곡차곡 쌓이며, 그렇지 못한 부분은 적절하게 의미를 변환한다. 위에 언급한 카드 외에 나머지 카드에 대해서도 리딩 했지만 이는 이후의 리딩에서 더 중요하게 활용된다.

남자친구는 상담자에게 그냥 '친구'로 계속 보면서 지내면 안 되겠냐는 권유와 함께 상담자에게 이별을 통보 했지만 이후 다시 만나게 됐고, 이전과는 분명히 태도가 변했다. 말로는 사랑한다고 말하지만 며칠씩 연락이 없기도 하고 원래도 말이 자주 바뀌고 약속을 잘 안 지켰지만 이 부분 또한 더욱 심해졌다. 형식상 둘은 분명 연인의 관계를 유지하고 있지만, 남자 친구는 자신이 원하는 바를 여자 친구의 동의 없이 이미 혼자서 하고 있었다. 자신이 여자 친구에게 권유한 내용 그대로를 말이다. 철저한 갑의 위치. 여자 친구가 언제 떨어져 나가도 아쉬울 게 없으니 가능한 일이다.

이제 상담자가 원하는 부분을 채워줄 차례다. 다행스럽게도 상담자의 니즈와 나의 목적이 일치한다. 자신이 무슨 작물을 심었고 무슨 열매가 열렸는지 상담자에게 확인시켜 줄 순서이다. 타로리더로서 간단히 궁금한 점만 채워줄 수도 있지만, 미래의 결론과 나아가 상담자가 새로 심으면 좋을 작물까지도 알려줄 수 있다.

the world ㅣ 상담자의 방어막. 쉽게 마음을 열지 않고 가볍지 않으려는 신념과 노력. 신중하고 조심스러움. 때문에 한번 관계의 물꼬가 트이면 역설적으로 훨씬 더 집착하게 됨. 영원하고 싶은 마음과 그에 동반되는 이별에 대한 두려움과 공포. 소심함.

the chariot ┃ 두 가지 마음의 충돌과 고민. 헤어지는 것이 맞는가, 더 노력을 해야 하는가. 신념의 충돌과 스트레스.

ace of pentacles ┃ 상담자의 완벽주의. '좋은 게 좋은 것' 이라는 개인 적인 가치 판단과 신념.

10 of sword ┃ 결과. 결국 완전한 이별 하게 될 것. 그리고 매우 힘들 것.

위의 풀이를 근거로 이후의 리딩이 이루어졌다.

물론 '우연' 과 같은 일들이 결과를 만들어 내기도 하지만 나는 모든 맥락의 영향이 결과를 만듦을 전제한다. 무슨 말이냐면 상담자가 우연히 '나쁜 남자' 를 만나 안 좋게 헤어지게 됐을 수도 있지만, 대부분의 경우 이러한 '이별' 에는 상담자의 '지분' 또한 있다는 뜻 이다. 이는 상담자의 또 다른 과거 경험을 통해 확인 할 수 있다. 대 부분의 사람들은 비슷한 패턴을 반복한다. 콩을 심던 사람들은 계 속 콩을 심는다. 이 경우 상담자의 연애스타일 패턴은 자극적이지 않은 조금은 심심한 만남, 상대에 대한 과한 의존과 기대감, 헤어짐 에 대한 지나친 공포 등을 들 수 있다. 클라이언트가 만약 첫 연애 가 아니라면 대부분 이전의 연애경험을 통해 동일한 문제점을 확인 할 수 있다.

나의 스타일은 상담자가 또 같은 부정적인 결과를 얻지 않길 바라는 마음에서 반드시 '리딩'을 한다. 리딩(reading)이 아닌 '리딩(leading)' 말이다. 상담자를 '이끈다.' 는 의미인 이러한 리딩(leading)은 결국 상담이나 조언, 코칭의 형태와 같다. 때로는 조심스럽게 때로는 거칠게 상담자에게 그가 심은 작물과 열린 열매를 알려주는 것이다.

이 상황속의 상담자에게도 마찬가지 과정을 거쳤다. 상당히 긴 대화가 됐지만 제일 중점을 둔 부분은 상담자가 지나치게 '힘이 들어가' 있는 부분이었다. 자신이 상처받지 않기 위해 최대한 조심스럽고 신중하게 생각하고 행동하지만 그러한 방법이 오히려 자신을 더욱 힘들게 만들고 있었다. 완벽하려고 하고 영원하려고 하고 평화롭기만을 원하는 상담자. 이 같은 지나친 실패에 대한 두려움은 '대상' 자체를 무섭게 만든다. 상담자가 지금과 같은 패턴으로 연애를 반복한다면 최악의 경우 얼마 못가 사랑 자체를 부정하고 만남을 거부할 수도 있을 터였다. 혹은 이성인 '남자' 를 혐오하게 될 수도 있다. 현재까지는 관계의 화살이 자신을 향하고 있지만(자책. 이것도 좋지 않다), 이 책임의 화살을 남에게 돌릴 때 그건, 그대로 더 큰 문제가 될 수 있다.

계속해서 세세한 주제에 대한 이야기들이 다뤄졌다. 상담자가 심은 콩의 씨앗과 그를 통해 열린 콩의 열매를 드러내고, 상담자가 원하는 미래의 모형인 '팥'을 새로 제시했다. 그녀는 대화를 통해 그동안 자신이 인지하지 못하고 있던 '팥'을 발견하고 새로운 의지를 굳건히 했다. 상담자는 민망할 정도로 감사해했고 그렇게 리딩은 끝이 났다.

리더 | 여기 이 가운데 자리가 결과에 대한 자리입니다(10 of swords). 카드를 한번 보세요. 어떤 느낌이 드나요?.. 네. 카드가 굉장히 무섭게 생겼죠? 이 카드가 어떤 의미인지 당신도 아마 예상 하고 계실 거예요.. 두 분은 곧 헤어지게 될 겁니다. 얼마가지 못할 거예요. 이미 균열은 시작됐고 당신 또한 그걸 알고 있어요. 다만 제일 걱정되는 부분은 역시 이 부분입니다(10 of swords). 당신은 열심히 최선을 다해 사랑하고 노력하고 배려했는데(아래3), 그에 따른 결과가 너무 상처예요(10 of swords). 뭔가 다 부질없어 보이기도 하고 허무하기도 하고요. 당신은 이별을 막기 위해 그렇게 노력했고 지금도 고민하고 있는데 말이죠(the chariot)... 그런데 말입니다. 우리 한번 생각해 볼게요.. 남녀가 만나고 헤어지는 게 이상한 일인가요?.. 당신은 무엇이 말이 안 된다고 믿고 있고 거부하고 있나요?....

..워낙 유명한 말이죠? '사랑'의 반대말은 '미움'이 아닙니다. 사랑과 미움은 공존할 수 있어요. 그 예로 '애증'이라는 말이 있죠. 사랑의 반대

말은 무관심입니다. 둘은 결코 공존할 수 없거든요. 다시 말해 기쁘고 슬프고 분노하는 그 모든 순간에 사랑은 유효할 수 있다는 거죠. 저는 '행복'도 그렇다고 생각합니다. '불행'과 '슬픔'은 같은 말이 아니에요. 당신은 기쁨, 환희, 슬픔, 분노 등 모든 감정을 허용하고 받아들일 때 더욱 행복할 수 있습니다. 소위 '부정적인 감정'들을 거부하지 마세요. 부정적인 것은 없습니다. 어쩌면 지금 이 상황은 당신이 그토록 거부하고 두려워하던 것들을 받아들이게 되는 좋은 기회가 될 수도 있겠네요.

흔히 접할 수 있는 일반적인 타로 리딩(reading)은 리딩(leading)을 하지 않는다. 타로 텔러의 역할은 그저 타로를 읽어(reading) 주는 것이기에 군이 상대방의 상황에 개입할 필요는 없기 때문이다. 이는 상담경험을 통해 형성된 나만의 독특한 스타일이다. 나의 직관은 사람들의 '콩'과 '팥'을 찾는데 발달했다. 나는 그것을 진정 원했고 그를 얻기 위해 훈련해왔다. 그리고 이는 사람들이 엄한 것에 흔들리지 않고 '제대로' 살기 바라는 개인적인 욕심에서 비롯된 행동이다. 때문에 이는 타로를 해나감에 있어 당신에게 반드시 필요한 덕목은 아니다. 다만 진정한 '비욘드 타로 텔링'이라면 타로를 넘어서는 뭔가를 행했으면 한다. 그게 반드시 나와 동일하지 않더라도 당신만의 스타일로 당신을 찾는 이들에게 타로 이상의 가치를 전해줄 수 있길 바란다.

이 파트에 등장하는 '상담자'는 언젠가 내가 실제로 리딩을 진행했던 사람이다. 당시 상황은 기억이 나지만 카드까지 기억이 나진 않는다. 집필 과정에 있어 그녀의 카드가 기억나지 않기 때문에 뒤집힌 카드 중 7장을 무작위로 뽑아 임의로 카드를 선정했다. 즉 위의 상황에서 다룬 카드는 실제로 상담자가 뽑았던 카드와는 분명 다르다. 이게 무슨 말이냐면, 카드의 순서를 바꿔도, 아니 카드 자체를 바꿔도 같은 사람이라면 비슷한 리딩이 이뤄져야 한다는 의미이다. 중요한 것은 카드가 아닌 직관이다.

위의 상황 속 여성을 한번 떠올려보자. 상상 속 그녀의 이미지를 기억하는가? 일반적으로 그 여성이 시끄러운 클럽을 좋아한다거나 남들 앞에 나서기를 좋아할 거라 생각할 수 있겠는가? 물론 그럴 수 있음을 항상 염두에 두고 조심해야 하지만 우리의 직관은 보통 그렇게 바보 같이 연결하지 않는다. 다시 직관이다. 직관에 집중해야 한다. 집중하는 만큼 직관은 낮은 단계부터 높은 단계로 서서히 성장해 나갈 것이다.

실전 타로 예시 ②

리더 | 안녕하세요! 거기 앉으세요.

상담자를 맞이하고 자리를 안내한다. 상담자는 남성으로 나이는 30대 중반으로 보이며, 편안한 티셔츠와 바지차림, 얼굴은 까만 편이고, 무엇보다 기억에 남는 것은 그의 머리 스타일인데 어떠한 손질도 하지 않은 그의 머리는 '치장'이란 단어와는 거리감이 느껴지는 내추럴한 느낌을 전해줬다. 그 느낌을 가진 채로 다시 살펴보니 그의 몸 어디에서도 '꾸밈'에 대한 흔적을 발견할 수 없음을 깨달았다. 적당한 중저가 브랜드의 옷에 적당한 신발, 개성적이라는 표현과는 반대로 그저 사회적 필요에 의해 최소한의 요건만을 충족한 차림새 같았다.

이러한 그의 외모를 통해 그가 남의 시선에 크게 신경을 쓰지 않는다거나, 혹은 남에게 어떠한 것도 기대하지 않는다거나, 혹은 스스로 무엇인가를 '내려놓은' 것 같은 느낌을 받았다.

그의 모습은 한마디로 마치 시골청년 같은 순박한 분위기를 전해줬다. 시골청년이라 표현한 이유 중 하나는 그의 몸이 그다지 왜소해 보이지 않았기 때문인데, 물론 엄청난 거구의 몸집도 아니었지만 그는 결코 과하지 않은 적당한 살집을 갖춘 체격이었다. 그렇다고 그가 주기적으로 운동을 할 것 같다는 생각은 전혀 매치가 되지 않았는데, 그저 타고난 체질로 인해 저절로 얻게 된 체격인 것 같았다. 빡빡하고 정신없는 도시보다는 나른하고 평화로운 시골이 어울릴 것만 같은 이미지가 그의 첫 인상이었다.

리더 | 어떤 것을 보러 오셨을까요?

상담자 | 아... 어떤 것들이 있나요?

리더 | 아, 보통은 연애 운, 직업 운, 진로 운, 학업 운, 건강 운, 금전 운처럼 어떤 범주를 정해서 보기도 하고요. 아니면 궁금하신 점을 직접적으로 물어보셔도 됩니다. 예를 들어 이사를 하신다거나, 누군가의 마음이 궁금하다거나, 상견례를 앞뒀는데 상대방 부모님이 당신을 마음에 들어

하지 않아서 어떻게 하면 좋을지 궁금하다거나 같은 개인적인 질문들이
요.

상담자 | 하하. 연애 운이죠!

상담자가 멋쩍게 웃으며 말한다. 그의 웃음은 자신 있고 힘 있는
웃음과는 거리가 멀었다. 그가 연애 운을 보겠다고 말할 때 그의 시
선은 나를 쳐다보는 것이 아닌 약간 아래를 향하고 있다. 이렇게 사
소한 대화 속에서도 낯선 상담자에 대한 정보가 누적된다. 덩치에
어울리지 않는 살짝 소심한 그의 태도는 뭔가 이질감을 느끼게 한
다. 이러한 느낌은 '중요한' 요소로 활용되는 때가 많기에 대수롭지
않게 여겨선 안 된다. 뭔가가 중요하게 느껴진다는 것은 직관이 그
에 반응하고 있다는 의미이다. 향후 리딩을 어떻게 진행하느냐에 따
라서 그러한 시그널은 하나의 '열쇠'로 작용하기도, 반대로 '함정'
으로 작용하기도 한다. 때문에 리더는 상담자의 비언어적 신호들에
대해 항상 예민하게 반응할 필요가 있다. '예민'이라는 표현을 썼다
고 해서 한껏 인상을 찌푸린 채로 잔뜩 경직되어 상담자를 노려보고
있는 태도를 떠올릴 필요는 없다. 대부분의 리딩에서 나는 일부러
'힘 있는' 메시지를 전할 때를 제외하곤 거의 항상 미소를 띠고 부드
러운 시선과 분위기로 대화를 이끈다.

리더 | 네 좋습니다. 여자 친구 있으세요?

상담자 | 아니요. 없습니다. 허허.

리더 | 하하. 네. 당신이 왜 여자 친구가 없는지, 어떻게 하면 여자 친구가 생길 수 있는지, 과연 당신이 여자 사람을 만날 수 있기는 한지! 한번 살펴보도록 하겠습니다.

다소 화기애애한 분위기로 대화를 진행하며 카드를 펼친다. 잠시 이러한 분위기에 주목해보자. 즐거움, 가벼움, 유쾌함과 같은 감정들은 일반적인 리딩 분위기에 대한 기본 값이다. 바로 이전의 예시를 통해 만나본 것과 같이 상담자가 처음부터 얼굴에 '심각함'을 써놓은 채 등장하는 것과 같은 상황을 제외하면 보통은 분위기를 재미있게 이끄는 것이 좋다. 상황에 따라, 너무 과하게 심각해진 상담자에게는 오히려 가벼움을 유도하는 태도나 유머러스한 태도로 상황을 이끌 수 있는 지혜가 필요하기도 하다. 이 일도 어디까지나 서비스직의 특성을 갖추기 때문에 상담자가 대놓고 무거운 문제를 들고온 것이 아니라면 충분히 즐길 수 있도록 돕는 것이 좋은 기억을 남기기에 유리하다.

상담자에게서 큰 문제를 발견할 수 없다거나 상담자의 상황이 마냥 좋다면, 그대로 리딩을 풀어가는 것이 적절하다. 좋은 이야기만으로도 얼마든지 좋은 리딩을 해낼 수 있다. 없던 문제를 만들어 낸다거나, 억지로 상담자의 문제를 확대 시키는 것은 결코 유익하지 못하다. 이는 멀쩡하던 상담자를 자기 파괴적인 상태로 이끌 수 있기에 모든 타로 리더가 경각심을 가지고 반드시 지양해야 할 부분이다.

리더 | (카드를 펼치며) 자, 이게 다 여자라고 생각하시고요. 엄청 많죠? 가장 예뻐 보이고, 가장 마음에 드는 여자를 다섯 명 뽑아 보시겠어요? 카드는 전부 왼손으로 고르시면 되고, 한 장씩 저에게 주시면 됩니다.

상담자가 카드를 한 장씩 뽑아 나에게 건네주는 동안 천천히 그를 살핀다.

단순히 카드를 뽑는 별 의미 없어 보이는 이러한 행동에서도 크고 작은 시그널들을 확인 할 수 있다. 누군가는 카드를 소중히 다루려는 듯 지나치게 조심스럽게 그리고 천천히 카드를 뽑기도 하고, 누군가는 지정해준 매 수를 단순히 차례대로 한 번에 뽑기도 하며, 카드를 선택하는 것에 유난히 어려움을 느껴 고작 5장의 카드를 뽑는데 몇 분씩이나 소비해버리는 손님도 있다. 이처럼 사소한 행동 속에서도 (오히려 진실은 이러한 무의식적인 신호를 통해 더 정확히 확인할 수 있다.) 꽤나 유용하게 사용될 수 있는 정보들을 얻어낼 수 있다. 때문에 리더는 항상 상담자에게 집중할 필요가 있다. 집중한다한들 비록 '인지적' 수준에서 모든 정보가 명료하게 정리되지는 않지만, 집중하는 만큼 우리의 '준인지, 비인지' 수준에 자연스레 담기는 정보가 늘어난다. 그 정보들은 말 그대로 '알게 모르게' 우리에게 영향을 준다.

카드는 뽑는 행동에 있어 이 상담자의 스타일은 어땠을까?

이 상담자는 예상한대로 카드를 뽑는 과정에서 어떠한 '특별함' 도 발견할 수 없었다. 특별히 빠르지도 느리지도, 유난히 조심스럽지도 성의 없지도 않게 담담히 적당한 속도로 카드를 뽑았다. 이처럼 너무 무난한 그의 행동은 오히려 그 사람만의 '특별한' 세상을 이해하는데 도움을 준다.

오픈한 카드와 지금까지 상담자와의 대화에서 받은 느낌을 통해 상담자가 연애 경험이 많지 않을 것이라는 확신을 갖는다. 그러나 그렇다고 상담자가 '모태솔로' 일 것 같은 느낌은 들지 않는다. 그 외에도 몇 가지 스토리가 직관적으로 떠오르지만 확신이 있지는 않다. 이럴 때 '질문' 은 굉장한 도움이 된다. 이전 예시를 통해 살펴 본 질문을 통해 상담자와의 연결감을 확보한다.

리더 | 마지막 연애가 언제였나요?

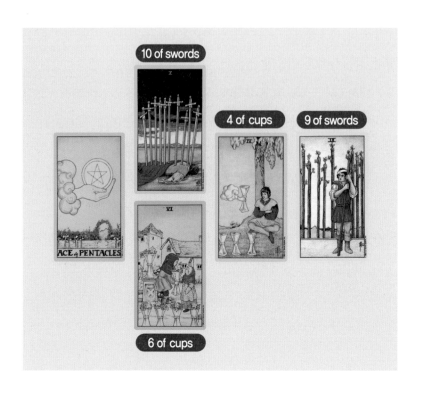

상담자 | 음... 한 7년? 쯤 된 것 같아요.

상담자가 전해 준 하나의 정보가 지금까지 직관을 통해 쌓아온 정보 무더기 중 일부를 촉발시킨다. 일부라고 표현한 점은 모든 것이 뚜렷하지는 않기 때문이다. 상담자의 대답을 듣기 전에는 애매하게 느껴졌던 일부 카드들이 힘을 얻고 내 안에서 생동감 있게 춤추기 시작한다. 다시 말해, 처음 카드를 오픈하고 카드를 보며 마음속으로 첫 번째 밑그림을 그리지만 이후 계속되는 상담자와의 연결감을 통해 그 밑그림에 무언가를 더하기도 수정하기도 한다고 비유할 수 있다.

이를테면 이 상황에서는 '6 of cups'가 그러하다. 다른 카드와의 연결성에 대한 영향도 있었지만, 나는 리딩의 첫 시작에서 이 카드가 가장 불투명하게 느껴졌다. 이 카드 뿐 아니라 대부분의 카드가 그러하지만 한끝차이로 완전히 반대의 리딩을 할 수도 있는 카드들이 있다. 6 of cups는 '과거'에 대한 에너지가 강렬한 카드이다. 때문에 대부분의 상황에서 '과거'라는 키워드에 대입해 풀어나가기 쉽다. 그런데 '과거'라는 논점은 그 자체로 끼워 맞추기가 쉽다. 왜냐하면 우리는 살아오면서 어떠한 경험이든지 그와 '같은' 혹은 그와 '비슷한' 경험을 분명 해봤을 것이기 때문이다. 행여 상담자의 경험이 그러한 조건에서 많이 동떨어져있다 할지라도 얼마든지 '프레임'을 틀어, '맞는' 리딩으로 만들어낼 수 있다.

한 예를 들어보자. 연애 경험이 전무한 상담자에게 그가 연애를 하지 못하는 원인으로 리더가 '두려움'이라는 키워드를 제시 했다고 가정해보자. 이 같은 의견에 대해 상담자가 "이별의 아픔을 경험해 본 적이 없기에 저는 이별에 대한 두려움은 없습니다."라고 말 하더라도,

'간접적인 경험에 대한 학습'으로 프레임을 덮어씌워 의견을 묵과할 수 있다. 그 방법으로, 상담자가 연애에 대해 '두려움'을 갖는 이유는 '이혼한 부모님' 때문이라거나, 혹은 친구나 지인들을 통해 겪은 간접적인 사건, 나아가 그가 감동했던 드라마나 책까지 그럴 듯한 스토리는 어디서든 찾아내 활용할 수 있다.

때로는 이러한 방법이 상담자가 스스로 인지하지 못하고 있는 정말 중요한 핵심을 수면 위로 떠올리는 방법으로 유용하게 쓰일 수도 있지만, '억지로 리딩을 맞추기 위해' 사용할 때에는 상담자와의 연결감을 단절시키는 부작용을 동반할 수 있다. 이 같은 문제는 대부분 리더가 키워드만을 맹신하는데서 발생하는데, 이는 '소(小)'를 위해 '대(大)'를 희생하는 격과 같으며, 상담자의 만족감이 떨어지고, 이후의 리딩에 지속적으로 필요한 신뢰를 잃을 가능성 또한 크다.

나는 이 카드가 가진 '과거'라는 키워드의 활용성에 대해 불투명한 부분을, 나머지 카드와 더불어 상담자가 전해준 '7년 전이 마지막 연애'라는 정보를 통해 종합적으로 그 쓰임새에 대해 적합하다는 판정을 내렸다. 이렇듯 직관적으로 얻은 정보와 상담자로부터 나온 정보를 종합해 확신을 얻었다면 과감하게 리딩을 진행하도록 한다.

6 of cups를 '과거'로 해석하는 것이 높은 적중률을 보이는 것은 단순히 과거라는 키워드가 프레임을 유연하게 바꿀 수 있기 때문임을 기억하자. 6 of cups는 '과거'에 비해 상대적으로 의미가 작은 '순수한' 느낌 정도로 사용될 수도 있다. 좋은 리딩은 카드에 대한 맹신이 아닌 상담자 개인에게 집중하는 직관에서부터 나온다. 정말 중요한 것은 카드가 어떤 키워드를 가졌느냐가 아니라, 지금 이 순간 나의 직관과 상담자의 연결감 속에서 카드가 어떤 방향을 제시해 주는가이다. 매 순간 리더와 상담자가 '올바른' 길로 나아가고 있는지 혹은 아닌지는 상담자와의 어긋나는 연결감을 통해 알아차릴 수 있다.

리더 | 음... 먼저 당신은 연애 경험이 많아 보이지는 않네요. 사실 카드는 굉장히 단순하게 나왔어요. 조금 격하게 표현하자면... '아직도 완전히 끝난 것 같지가 않아요.'

이 카드가 제일 중요한 카드인데요. 총 78장의 타로카드 중 직접적으로 과거를 의미하는 카드가 딱 한 장 있는데, 그 카드가 바로 이 카드(6 of cups)입니다. 모든 흐름이 거기서 멈춰있어요. 아마도 아까 말씀하셨던 헤어진 그 분 인 것 같은데, 감정의 깊이가 상낭해요. 이 정도면... 못해도 3년 이상은 만나셨을 것 같은데요?

상담자 | 네. 한 5년쯤 만났던 것 같아요.

리더 | 그렇군요. 굉장히 오래 만나셨네요. 처음 사귄 분이 맞나요? 다른 분은 보이지가 않아요.

여기서 '다른 분은 보이지가 않아요.' 라는 표현은 이전 예시에서 나왔던 바와 같이, 확신을 가지고 말하되 약간의 트릭을 설치한 말과 같다. 이같이 모호한 표현은 행여 발생할 수도 있는 변칙적인 상황에 완충장치가 되어 준다. 나는 상담자의 연애 경험이 오로지 단한번 뿐 일 것이라 확신하고 말한 것인데 만약 예상과는 다르게 상담자가 연애 경험이 많다면 "그렇군요. 그런데 다른 분들은 하나도 나오지 않았어요. 오랜 세월이 지난 아직까지도 당신에게 영향을 끼치고 있는 것은 그 분이 유일한 것 같네요." 라거나, "다른 분들이 나오지 않는 것을 보니 아무래도 그 분을 가장 사랑하셨나 보네요." 라고 말 할 수 있다. 조금 더 안전하게는 "그렇군요. 하지만 지금 리딩에서 이 사람만 보인다는 것은 지금 이 리딩에 어떤 의미가 있는 것 같다고 보여 지네요. 혹시 생각나는 것이나 느껴지는 게 있나요?" 라고도 할 수 있다.

물론 모든 리딩에서 빠져나갈 전략을 미리 구상하고 리딩 하지는 않는다. 위의 리딩에서 나는 그 사람이 가장 사랑했던 사람이리라 확신한 상태로 리딩을 했다. 그러나 예상이 빗나간다 하더라도 전체적인 리딩이 무너지는 것은 아니며, 그를 통해 알게 된 '유익한' 새로운 정보를 재빠르게 받아들이고 지금까지 그린 밑그림을 수정하는데 활용한다.

상담자 ❙ 네 맞아요. 첫 사랑... 이었죠. 허허.

리더 ❙ 네 그렇군요. 그 분과의 관계가 굉장히 깊었을 것 같아요. 이정도면 결혼 직전까지 갔다가 끝났다고 해도 이상할 것 같지 않아요.

상담자 ❙ 허허. 네 그랬었죠.

상담자가 아련하게 대답한다.

리더 ❙ 자, 카드를 하나씩 설명해 드리도록 하겠습니다. 당신의 메인 카드는 이 카드입니다(6 of cups). 가장 중요한 카드가 될 거예요. 말씀드렸다시피 당신의 마음이 아직도 그곳에 머물고 있음을 의미합니다. 카드는 이쪽(6 of cups)으로 갈수록 내부, 좀 더 깊은 마음, 반대로 이쪽(10 of swords)으로 갈수록 외부, 상황에 대해 말을 하고 있는데요. 당신의 가장 깊은 뿌리에서 나온 카드가 바로 '식스 오브 컵'이에요. 때문에 이 카드를 중심으로 나머지를 모두 설명할 수 있습니다. 그것으로 인해 새로운 연애를 할 자신감도 없고(10 of swords), 새로운 기회가 다가오더라도 딱히 달갑지가 않아요(4 of cups). 이 카드(9 of wands)는 '결론'을 의미하는데 어떤 장면처럼 보이시나요?

여기 그림(9 of wands)에 등장하는 이 사람은 경비병입니다. 뒤에 재산, 자원, 혹은 상황을 지금 '지키고' 있는 것이죠. 즉 상황이 변하지 않고 유지됨을 의미합니다. 다시 말해, 당신은 '연애 혹은 결혼'을 막연하게 바라고는 있지만 사실 그에 대한 어떠한 의지도 노력도 기대도 보이지 않고 있어요. 저는 조금 극단적인 느낌을 받습니다. 그분과 헤어진 이후 7년이라는 세월 동안 '썸'도 한번 안탔을 것 같아요.

상담자 ㅣ 네... 맞습니다. 그 후로는 뭐가 없었죠... 선생님 그럼 이 카드(ace of pentacle)는 무엇일까요?

리더 ㅣ 타로에서 컵, 물, 잔은 '감정'을 의미합니다. '사랑'이라는 것을 여러 가지 관점에서 정의할 수 있겠지만 일반적으로는 사랑 또한 '감정'으로 받아들입니다. 때문에 연애 운을 볼 때는 '감정'을 의미하는 컵 카드가 많이 나오면 좋겠죠. 물론 이처럼 다소 부정적인 의미를 가진 컵 카드(4 of cups)도 있지만 기본적으로 연애 운에는 컵이 많이 나와야 좋습니다. 하지만 이 카드(ace of pentacle)에는 동전이 그려져 있습니다. 펜타클(동전)은 감정적이기 보다는, 보다 '현실'적인 의미를 갖습니다. 보시는 바와 같이 '돈'을 의미하기도 하고요. 다시 말해 사실 연애 운에는 그다지 어울리는 카드가 아닙니다. 굳이 나올 필요가 없기도 하고요. 연애 운을 보는데 이런 카드가 나왔다는 건 현실적인 내용들이 당신의 연애 영역까지 침범했다는 의미입니다. 이 카드는 '현실에 대한 타협'으로 볼 수도, 그저 '일이나 하자'라는 의미로 볼 수도, 지금 이 상태에 '만족하며 살자'로 볼 수도 있습니다. 앞서 제가 비단 연애뿐 아닌 '결혼'이라는 단어를 굳이 언급한 것도 에이스 오브 펜타클 때문입니다. 펜타클이 나왔다면 결혼은 해야 될 것 같은 모종의 압박을 받을 수 있으니까요. 비록 연애에 대한 의지가 없다고 할지라도 말이죠.

'ace of pentacle'이 정말 연애에 어울리지 않는 카드일까? 그렇지 않다. ace of pentacle은 상황에 따라 연애 운에서 정말 긍정적인 의미로 쓰이기도 한다. 이 상황에서 나는 오로지 상담자 개인에게 맞춘 특화된 리딩을 하고 있다. 반복하지만 우리의 정답은 앞에 있다. 정답을 기준으로 카드의 메시지를 풀어내야 한다.

리더 | 그리고 사실 저는 궁금합니다. 두 분이 이 정도로 사랑을 했었는데 왜 헤어지게 됐는지 말이죠.

상담자 | 아아 신기하네요. 말씀하신대로에요, 사실 연애에 대해 간절

하지 않기도 했고요... 그 친구는 굉장히 착한 친구였는데, 제가 잘못을 많이 해서 헤어졌죠...

상담자가 마치 무언가 내려놓은 것 같은 특유의 멋쩍은 미소를 띠며 말한다. 역시 시선은 약간 사선 방향으로 아래를 향하고 있다.

리더 | 아아... 어떤 잘못을 하셨을까요?

상담자 | 그때는 그게 사랑인 줄 몰랐어요. 욕하고 소리치고... 너무 막 대했죠.

리더 | 때리시진 않으셨죠?

상담자 | 아 물론이죠. 허허. 그 정도로 쓰레기는 아니었습니다. 정말 착한 친구였어요... 너무 너무 착한 친구였는데... 그게 감사한 것인 줄 몰랐었죠.

'그게 감사한 것인 줄 몰랐다'는 말을 하며 상담자가 나와 눈을 제대로 맞춘다. 짧은 순간이지만 그의 눈빛에서 많은 감정을 느낄 수 있다. 상담자는 '혹시 다시 만나고 싶은가요.'라는 나의 질문에, 그러고 싶지 않고 그녀가 이미 결혼했기에 그럴 수도 없다고 답했다.

그의 말을 들으면서 그가 여자에게 욕하며 막 대하고 있는 모습을 그려보았다. 그 상상 속 상담자의 모습은 나에게 어떠한 걸림도 의문도 들지 않았다. 다시 말해 그 모습은 쉽게 받아들여지는, 즉 '어울리는 모습' 이었다. '때리시진 않으셨죠?' 라는 나의 질문은 실없는 소리를 한 것이 아닌 실제로 그러한 가능성을 직관적으로 느꼈기에 물어 본 질문이었다.

초반부에 상담자에게서 느껴졌던 '이질감' 의 정체가 드러나는 순간이다. 상담자의 체격과 인상 등에서 분명 나는 모종의 '거친' 느낌을 받았는데 그의 태도는 지나치게 소심하고 순종적이기에 알 수 없는 이질감을 느꼈었다. 그녀와의 이별을 기점으로 그의 태도에 변화가 있었을 것으로 추정됐다. 또한 이후 대화를 통해 확인해보니 상담자는 현재 약소한 '분노 조절 장애' 를 가지고 있는 것으로 보였다. 평소에는 아주 순하게 지내다가 술만 먹으면 욕설과 함께 약간의 폭력성이 나온다는 것이다. 때문에 술도 최대한 자제하며 마신다고 말했다. 나는 이 모든 시작점이 같은 곳에 존재한다는 생각이 들었다.

리더 ㅣ 우리는 누구나 심리적인 바운더리(경계)가 있습니다. 우리가 받아들이지 못하는 녀석들, 흔히 말하는 '부정적인 감정' 을 유발하는 그

녀석들은, 평상시에는 어딘가에 숨어 있다가 우리의 바운더리가 약해지는 순간 등장합니다. 예를 들어 아플 때, 배고플 때, 술 취했을 때, 멍 때릴 때, 자려고 누웠을 때 같은 상황이 그러합니다. 그들은 불쑥 불쑥 찾아옵니다. 찾아와서는 부정적인 감정들을 느끼게 만들죠. 분노하게 만들기도 하고, 후회하게 만들기도 하고, 한 없이 우울해지도록 만들기도 합니다. 이제는 좀 안 찾아왔으면 좋겠다는 생각이 드는데도 그 녀석들은 잊지 않고 찾아옵니다. 불청객이죠. 그들이 찾아오는 이유는 아직 '해결 되지 않은' (gestalt-unfinished work) 문제가 있기 때문입니다. 다시 말해 거의 모든 문제는 해결이 될 수 있다는 의미이자, 해결이 되면 더 이상 그들이 우리를 괴롭히지 않는다는 것을 의미합니다.

그렇다면 그는 왜 소심해진 것일까? 이 글을 읽는 독자분도 뭔가 감이 올 것이라 믿는다. 그는 자신이 연애를 못하고 있는 이유에 대해 허탈하고 담담한 목소리로 이렇게 말했다.

상담자 | 제가 벌 받고 있나보죠 뭐.

그에게서는 카드에서도 실제로도 무기력함이 느껴졌다. 철없던 시절의 자신의 모습은 아직도 그의 발목을 잡고 발걸음을 떼지 못하게 만들고 있었다. '반성'이 아닌 '후회'는 때때로 자신의 잘못을

'바로잡지' 못하게 하며, 그것은 자신이 '행복해지지 말아야 할 이유'로 작용하기도 한다. 또한 그 '이유'는 새로운 의지도 관심도 기대도 묵살시킨다. 하지만 동시에 우리는 사람인지라 항상 무엇인가를 욕망할 수밖에 없다.

비욘드 타로 텔링의 비전에서 살펴 본대로, 그러한 욕망을 실현 시킬 수 있는 방법은 해당 목적에 대한 실질적인 노력과 경험들이다. 우리 주변에는 이 상황의 상담자와 같이 욕망과 현실 사이의 간격이 큰 사람들이 많은데, 극단적인 경우 이는 '환상'을 믿게 되는 부작용을 동반한다. 힘들고 부담스러운 '노력'을 감당할 자신이 없는 그들은 '운명이 나타나겠지.' '간절히 바라면 이루어지겠지.' '때 되면 결혼하겠지.' '내가 좀 모자라도 좋은 배우자를 만나서 다 잘 풀리겠지.'와 같은 생각으로 자신을 위로한다. 그렇다! 노력 없이 진지하게 무엇인가가 일어나길 바라는 모습은 영락없이 '오컬트'를 떠올리게 한다.

이 상담자의 경우 그보다 더 나아가 사실 '자포자기' 수준의 느낌을 느끼게 했다. '되면 좋고 아니면 말고' 같은 마음이다. 그의 마음 어디에서도 자신의 연애, 혹은 결혼을 위해 노력할 마음이 없어 보였다. 나는 그가 아직 '정말로 이별' 하지 못했다는 생각이 들었다. 그녀와도, 과거의 그 자신과도.

자신의 잘못이 많아 '벌'을 받고 있다고 표현한 상담자에게 다음과 같이 리딩을 이어나갔다.

리더 | 리딩의 내용이 긍정적이지 않았다고 해서 결론이 안 좋다는 의미는 아닙니다. 이대로 가면 그렇게 될 확률이 높다는 것이지, 만약 부정적으로 느껴졌던 카드(10 of swords, 4 of cups, 6 of cups)를 바꿀 수 있다면 당신의 미래도 바뀔 수 있다는 의미입니다. 아무런 노력도 없이 뭔가가 이루어지길 바란다면 그건 도둑 심보가 아닐까요?

당신은 연애 운이 없는 사람이 아닙니다(4 of cups). 왜냐하면 진짜 연애 운이 없는 사람은 새로운 시작에 대한 기회 자체가 없어요. 당신은 비슷한 처지에 있는 남들보다는 비교적 조금만 노력해도 연애를 시작 할 수 있습니다. 그것은 당신이 누군가의 마음을 받아 주는 정도(4 of cups)의 자그마한 노력이에요. 당신은 연애 운의 흐름이 꽤 괜찮은 사람이거든요. 이미 갖춘 것도 많고(ace of pentacle), 성실하고(9 of wands), 여자들에게 충분히 매력적으로 느껴지는 사람입니다... 놀랍게도 말이죠!! 아 죄송합니다... 어쩌면 제가 모르는 당신만의 매력이 있는 것 같습니다.

하지만 중요한 것은 이것이죠(6 of cups). 지금까지 당신과 이야기를 나누면서 두 분이 얼마나 사랑했는지를 조금이나마 느낄 수 있었습니다. 정말 순수하고 착한 그녀의 이미지를 떠올릴 수 있었고요. 그녀는 '남' 이라기보다는 또 다른 '나' 라고 표현하는 게 더 와 닿지 않았을까 싶어요. 정말 행복하고 특별한 느낌이었을 것 같아요. 부럽습니다. 하하.

그리고 그러한 장면도 떠올랐어요. 이를테면 내(상담자)가 그녀에게 심하게 대하는 모습. 욕하고, 소리치고, 동작이 과격해지고, 그녀가 진심으로 미웠던 그런 순간들이요. 그런데 한편으론 내가 윽박지르고 화를 내도 나를 안아주는 그녀의 부드러운 음성을 들을 수 있었습니다. 따뜻하게 안아주면서 괜찮다고 위로해주는 포근한 음성이요. 그러한 음성은 오히려 나의 마음을 더 아프게 하기도 하고 자꾸 그때를 돌아보게 만드는 것 같아요. 너무 미안한 마음이 듭니다. 그 미안함이 자꾸 마음에 걸려요. 그녀는 그렇게 힘들지 않았어도 되는데, 나 때문이라는 자책을 하게 돼요.

그리고 그 미안함은 이제 그때의 나로 향합니다. 그때의 나는 어렸고 그때의 나는 불안했어요. 그러고 싶지 않았지만 마음과는 다르게 항상 '잘못'을 할 수밖에 없었습니다. 어느 순간 나는 무엇인가를 깨달았고, 그때의 나를 통제하기 시작했어요. 더 이상 나로 인해 아무도 다치지 않게, 아무도 상처받지 않게 말이죠. 쉽지는 않은 일이잖아요. 하지만 정말 꽤 오랫동안 그렇게 해 왔어요.

그리고 이제 우리는 모두 알고 있습니다. 그때의 우리는 그럴 수도 있었다는 것을. 그리고 잘못을 하고, 상처를 받고, 상처를 입히는 그 모든 일들이 그저 우리 삶의 일부라는 것을.

자, 이제 그만 놓아줄 때도 되지 않았을까요? 당신은 이미 오랜 시간 충분히 스스로에게 벌을 받아왔습니다. 그때의 그녀도 그때의 당신도 이제는 안아줄 수 있었으면 좋겠어요. 그때의 그들은 아직도 그곳에서 당신이 손 내밀어 주기를 기다리고 있을 것만 같아요.

상상해볼 수 있나요? 만약 지금 이 순간 그때의 그녀가 지금의 당신을 볼 수 있다면... 그녀는 정말 진심으로 당신이 행복하기를 바랄 것 같아요. 그렇지 않나요?

카드를 리딩하는 것은 자신의 스타일로 표현하면 된다. 예를 들어 '과거에 얽매여 있다.' '과거의 달콤함에 아직 빠져있다.' '옛 연인에 대한 죄책감에 여전히 괴로워하고 있다.' '옛 연인 같은 사람을 아직 찾지 못했다.', 이 문장들은 모두 비슷한 맥락을 가지고 있지만 분명 서로 다른 분위기를 전해준다. 같은 주제를 어떻게 풀어나갈 것인가의 차이인데, 실제로 굉장히 많은 리더들이 한 없이 '긍정적'으로 카드를 리딩한다. 그러한 방법도 분명 장점이 존재한다. '웃는 얼굴에 침 못 뱉는다'고, 긍정적인 리딩은 리더가 크게 안 좋은 피드백을 받을 일이 드물다. 하지만 마냥 긍정적인 리딩은 상담자의 예민한 부분을 자극하지 못해 임팩트가 부족할 수 있다는 단점이 있다. 반면에 매우 '부정적'인 리딩도 좋지 않다. 없던 문제를 키울 수도 있고, 상담자로부터 안 좋은 피드백을 받을 확률 또한 크다. 때문에 언제나 과하지 않게 잘 조절하여 리딩하는 것이 중요하다.

사실 지금까지 살펴본 이 상황에서 '오래전 깊이 사랑했던 연인이

한 사람 있었다'는 내용과 그 '마지막 사랑이 대략 7년쯤 지났다'는 사실은 상담자가 전해준 정보가 아닌 리딩 과정에서 직관을 통해 리딩했던 부분이다. 개인적으로 리딩을 통해 정보를 알아내고 질문의 수를 줄이는 것을 선호하는 편이다. 다만 이 책을 읽는 독자가 직관을 신비한 무언가로 받아들이지 않고 조금 더 쉽게 자신의 리딩에 적용할 수 있도록 하는 데에 초점을 맞춰 수정을 거쳤음을 밝힌다.

또한 예시 속에서 표현된 리더의 마지막 리딩 역시 '실제' 리딩과 차이가 있다. 실제 리딩은 조금 더 대화형식 이었고, 같은 맥락의 내용을 훨씬 길고 자세하게 풀어 진행했었다. 카드도 몇 회에 걸쳐 더 뽑았으며 가벼운 대화도 훨씬 많았다.

노파심에 하는 말이지만, 내가 이 책에 예시를 공개한 이유는 '이렇게 하라'는 의도가 결코 아니다. 한 사람의 리더가 어떻게 말하고 생각하는지를 흡수해 당신만의 스타일로 출력을 내기를 바라는 마음이다. 그렇기 때문에 만약 어딘가 어렵다거나, 막히는 부분이 있다면 부담감을 느낄 필요는 없다. 만약 당신이 부담감을 느끼는 부분이 있다면 이는 당신만의 스타일로 재정리해야할 부분이라는 의미이다.

실전 타로 예시 ③

이 사례에 등장하는 상담자는 얼마 전 리딩을 진행했던 클라이언트로, 프라이버시 보호를 위해 지나치게 개인적인 내용들은 삭제하거나 수정하였음을 밝힌다. 그녀와의 리딩은 실제로는 크게 다섯 가지 이상의 범주에 대해 셔플을 진행했는데, 여기서는 그 중 특정 상황(첫째 딸과 상담자)에 대해 집중적으로 다룬다.

리더 | 안녕하세요!

반갑게 웃으며 상담자를 자리로 안내한다. 상담자는 30대 중후반 정도로 보이는 주부로, 예약한 시간에 정확히 맞춰 상담실에 도착했다. 그녀는 평균적인 여성들의 키 보다는 조금 큰 듯 했고, 지나치게 마르지는 않았지만 살집이 없는 탓에 그 보다는 더욱 길쭉한 느낌을 받았다. 타로를 보다 보면 굉장히 에너지 넘치는 주부들을 많이 만나게 되는데 그녀는 그와는 꽤나 거리감이 느껴지는 인상이었다. 그렇다고 지나치게 소극적이거나 소심하게 보이지는 않았다. 너무 굵지 않은 검은 뿔테 안경을 쓴 그녀는, 흔히 마주칠 법한 이웃에 사는 사춘기 또래의 아이를 둔 어머니의 이미지였다.

리더 | 타로 보신 적은 있으세요? 네. 어떤 것을 보러 오셨을까요?

상담자 | 그... 제 '일' 이랑요. 재물이랑, 남편 사업이랑, 그리고... 애들 것도 좀 보려고요.

상담자는 자신의 직업, 진로, 금전 운과 남편의 사업 운, 그리고 아이들에 대한 것 등 많은 리딩을 하길 원했다. 손님들이 자신이 궁금한 바를 육하원칙에 의거하여 뚜렷하게 설명해주면 정말 좋을 텐데 우리가 만나게 될 손님들은 그렇지 않다(사실 당연하다). 때문에 리더는 클라이언트 본인조차 자신이 무엇을 원하는지 확신하지 못하는 내용을 뚜렷하게 정리할 필요가 있다. 예를 들어 직업, 진로, 학업, 적성 같이 서로 경계가 모호한 것들은 더욱 더 선명하게 하는 것이 서로에게 도움이 된다. 여기서 중요한 포인트는 앞서 본문의 내용에서 살펴본 것처럼 '주객전도' 가 일어나선 안 된다는 것이다. 이는 어디까지나 '상담자가 원하는 것' 이 무엇인지를 확실히 하려는 과정이지, 결코 직업, 진로, 학업 같은 범주 안에 억지로 끼워 맞추려고 하는 것은 아니다. 범주는 리더의 편의를 돕는 도구로, 그저 시의적절하게 활용하면 된다.

리더와 상담자가 함께 나누고자 하는 바가 리더의 머릿속에서 명쾌할 때, 상대방에게도 명쾌하게 전달될 확률 또한 높다. 물론 그렇다고 해서 타로의 메시지까지 반드시 명쾌하게 나오는 것만은 아니다. 이는 타로와의 조율에 앞서 사람간의 조율이 필요하다는 의미이기도 하다. 우리는 앞서 미국의 프로야구 MBL의 '외야 실책' 에 대한 예시를 살펴보았듯, 충분히 잡을 수 있는 공을 놓치는 것과 같은 실책은 되도록 줄여야 한다.

만약 리딩이 일반적인 대화보다 한 단계 더 깊은 수준의 대화라고 가정할 때, 그를 뒷받침해주는 것은 어디까지나 '일반적인 대화' 이다. 우리는 다른 사람과 완벽히 같은 생각을 공유할 수는 없지만, 그 빈틈을 되도록 줄이려는 노력을 항상 해야만 한다. 너무 당연한 말이지만 리더와 상담자는 '같은 대화' 를 해야 한다. 우리는 서로 나누고 있는 대화가 같은 대화가 맞는지 확실히 할 필요가 있다. 이는 '정보의 확보' 이며, 동시에 올바른 '연결감의 확장' 이다.

실제 대화에서 이를 수행할 수 있는 아주 쉽고 효과적인 방법이 있다. 이 방법은 바로 상대방의 말을 정리하여 되돌려주는 것이다. 상대방의 말을 내가 이해한대로 되돌려주어 다시 확인 할 때, 정확히 이해한 것인지 혹은 빈틈이 존재하는지 확인하고 보수 할 수 있다. 또한 이 방법은 이어서 설명할 '페이싱' 의 효과도 동반하기에 아주 유용한 기법이다.

리더 ㅣ 네, 정리해 볼게요. 본인의 '일' 이랑, 금전 운, 그리고 남편의 사업 운, 그리고 아이들에 대해 궁금하시다는 거죠?

상담자 ㅣ 네 맞아요.

나의 타로 리딩에 대한 규칙은 다른 곳과는 조금 다르다. 보통 셔플 당(질문 당) 일정한 금액을 받는 식으로 타로를 보는 곳이 많은데, 나의 경우 시간제로 리딩을 진행하며 보통 1시간을 기준으로 진행한다. 즉 정해진 시간 동안 질문의 수나 셔플의 수는 자유롭다. 약속된 시간이 기준이므로 따로 추가비용을 신경 써야 한다거나 상담자가 리더의 눈치를 볼 필요 없이 궁금한 점과 같은 자신의 의사를 자유롭게 표현할 수 있기에 이 같은 방법을 채택하고 있다.

때문에 리더는 이러한 시스템에서는 시간 분배를 잘 해야 할 필요가 있다. 예를 들어 2가지의 범주에 대해 리딩을 원한다면 한 범주

당 30분씩 할애하여 깊이 있는 리딩을 진행하고, 만약 6가지 범주에 대해 리딩을 원한다면 한 가지 범주에 대해 10분씩 할애하여 핵심 위주로 비교적 빠르고 간략하게 리딩을 진행할 필요가 있다. 상담자 가 원하는 것이 무엇인지 확실히 하는 것과 1시간의 시간을 어떻게 배분할 것인지를 염두 해 두고 다음의 대화를 살펴보자.

리더 | 네, 먼저 당신의 '일' 부터 한번 볼게요. 직업이 있으신 거고요?

상담자 | 네.

리더 | 네 직업이 있으시고, 혹시 특별한 상황이 있으신가요? 예를 들 어 이직이나 퇴사를 고민한다거나 진급과 같은 상황을 앞뒀다거나... 아 니면 그냥 '내가 이 일을 큰 문제없이 오래 할 수 있을까' 와 같은 전반적 인 직업 운이 궁금한 걸까요?

상담자 | 아, 지금 한 5개월 정도 회사를 다니고 있는데 회사 상황이 자꾸 이상해져서 여길 계속 다녀야 '되나', 다른 곳을 알아봐야 '되나' 해서요.

리더 | 아 좋습니다. 그렇다면 '지금 회사에 계속 있으면 어떨지' 와

'다른 곳을 가면 어떨지' 를 비교해보면 좋겠네요? 뭐가 더 좋은 선택일지 말이죠.

상담자 | 네 좋아요.

리더 | 네 좋습니다. 그럼 현재 하고 계신 일에 대한 전반적인 느낌(가벼운 직업 운)을 한 번 보고요. 그곳에 계속 있으면 어떨지, 또 다른 곳으로 옮기면 어떨지를 한 번 비교해 볼게요.

상담자가 처음 제시했던 자신의 '일' 이라는 추상도 높은 말이 이제는 '이직에 대한 고민' 으로 뚜렷하게 정리가 됐다. 다음은 '첫째 아이' 에 대한 질문을 정리하는 내용이다.

리더 | 아이들은 어떤 게 궁금하실까요?

상담자 | 애들은 다 궁금하긴 한데, 뭐 잘 살지, 돈은 많이 벌지, 공부는 잘 할지 건강은...

리더 | 하하. 그렇죠. 다 궁금하긴 하죠. 하지만 너무 먼 미래는 리딩의 확률이 떨어지기도 하고요, 우리가 시간이 정해져 있기도 해서 일단 지금

중요한 것 위주로 한번 봐볼까요?

상담자 | 글쎄요. 이걸 뭐라고 해야 하지? 첫째 애가 중학생인데, 자기가 하고 싶어 하는 게 있는데 그걸 시켜도 '되나' 해서요.

리더 | 네 좋습니다. 첫째 애가 하고 싶은 게 있는데, 그걸 시키면 '어떨지', 잘 할 수 있을지를 보면 되겠네요?

상담자 | 네, 또 애가 공부머리는 있나 그것도 좀 궁금하고요.

리더 | 네, 그렇다면 첫째 아이가 무슨 생각을 하고 있는지 먼저 보고, 하고 싶어 하는 게 있는데 그걸 시키면 어떨지를 좀 봐주고요. 또 공부는 좀 하는 친군지도 한 번 봐 볼게요.

아직도 추상적이기는 하다. 하지만 이 정도면 충분히 방향성은 확보했다고 볼 수 있다. 나머지 더 디테일 한 작업들은 본격적인 리딩을 통해 계속해서 맞춰나가면 된다.
본격적인 리딩을 시작하기에 앞서 협의한 내용들을 다시 한 번 확인하고 넘어간다.

리더 | 네, 먼저 본인의 '일'에 대해 '금전 운'을 함께 엮어서 보고요. 다음에 남편 분의 사업이 좀 괜찮아질지를 살펴보고, 첫째 아이는 본인이 하고 싶어 하는 일을 시키면 어떨지, 막내는 성적 좀 오를 수 있을지에 대해 중점적으로 보도록 하겠습니다.

상황 속의 상담자는 대화 중 자신이 무엇을 하면 '될지'를 나에게 묻고 있다.

비단 이 상황 속의 상담자 뿐 아니라 굉장히 많은 사람들이 자신이 선택권을 가지고 있음에도 빈번히 사용하는 말투가 있다. 바로 어떻게 해야 '될까요?'와 같은 말들이다. 이 세상에 '되고', '안 되고'란 개념은 없다. 때문에 나는 때로는 직접적으로, 때로는 간접적으로 이 같은 상대방의 표현을 교정해 주는 편이다. 이러한 말들은 의존적인 태도에서 나온다.

예를 들어 타로를 보다 보면 다음과 같은 어감의 질문들을 자주 듣게 된다. '지금 다니고 있는 회사 사람들이 저를 너무 힘들게 하는데 제가 이직을 해도 될까요?' '부모님으로부터 지원을 받을 수가 없는 상황인데 제가 대학교를 가도 될까요?' '우리 아이에게 피아노를 본격적으로 가르쳐도 될까요?' 어쩌면, 이 부분이 사실 타로를 찾는 이들의 가장 '가려운 부분'일 수도 있다. 헷갈리고 부담스러운 자신의 선택을 누군가 대신 해주길 바라는 것이다. 결론적으로 모든 책임은 결국 본인이 지게 되겠지만, 일단 지금 당장 포춘 텔러가 제시해주는 길은 일시적으로 복잡했던 머리를 편안하게 해주며, 어쩌면 후에 좋은 '변명거리'로 활용될 수도 있다. 그러한 리딩은 상대방의 '의존'을 더더욱 부추기는 방법이며, 진정 그 사람을 위한 말이 될 수 없다.

나는 그렇게 리딩 하지 않는 편이다. 물론 그들이 바라는 대로 얼마든지 '답'을 제시해 줄 수도 있다. 그들이 겪게 될 확률이 가장 높은 '미래'를 자극적으로 표현하면 실제로 예언도 잘 적중한다. 마치 점쟁이처럼 '지금 있는 회사는 기운이 좋지 않아. 벌써 이직했어도 이상할 것이 없어. 지금까지 버틴 것도 대단한 일이야. 옮겨야 운이 풀려. 한 시라도 빨리 얼른 이직해야해.' '지금 반드시 대학 가야해. 이번에 놓치면 평생 한이 돼. 후회할거야.' '남편 쪽에 예술 하시던 분이 있었어? 아이 옆에 꼭 붙어계시네. 피아노든 뭐든 그 분이 다 도와줄 거야. 얘는 꼭 예술 해야 해.'라고 말 해 줄 수도 있다. 하지만 정말이지 이는 진정 상대방을 위한 말이 아니다.

두 가지 이상의 선택지를 비교하는 리딩을 진행하다 보면 선택지의 균형이 한쪽으로 뚜렷하게 무게가 쏠리는 경우도 있지만, 선택지의 균형이 모두 비슷한 형태를 띨 때도 있다. 어떠한 상황에서든지 내가 중심을 두고 중요하게 생각하는 부분은, 결정권은 어디까지나 상대방에게 있다는 것이다. 때문에 선택지를 최대한 '공정'하게 비교해주는 편이다. 거의 모든 선택지에는 장점과 단점이 함께 존재하기에 충분히 가능한 일이다. 결정은 어디까지나 그 사람 스스로의 몫이다. 때문에 일부 상담자의 관점에서 나는 다소 '답답한' 리더로 비쳐 질 수 있지만, 상담자가 굳이 원할 때에만 비로소 나의 개인적인 의견을 피력하는 편이다.

한 상황을 살펴보자. 예를 들어 카드를 뽑았는데 두 선택지의 의미가 상이하게 엇갈려 A라는 선택지는 긍정적인 의미, B라는 선택지는 부정적인 의미로 나왔다고 가정 해보자. 이러한 상황에서는 A를 선택하도록 권유하는 것이 좋은 리딩 방법이라 보여 질 것이다. 일반적으로는 나도 동의하지만 간혹 그렇지 않을 때도 있다. 만약 상담자가 지금까지 너무 한쪽으로 편향된 삶을 살아왔다면, 나는 다른 방식의 삶도 존재하며 그것이 나쁘거나 이상한 삶이 아님을 알려줄 것이다.

리더 | A를 선택하면 안정적입니다. 매우 좋아요. 하지만 저는 당신이 B를 선택하셔도 나쁘지 않은 선택이라고 봅니다. 왜냐하면 A는 안전하고 평화로운 대신에 아무런 발전도 변화도 없거든요. 하지만 B는 정말 힘들고 고통스럽겠지만 그만큼 당신에게 의미 있는 길이 될 수도 있습니다. 그곳에서 당신은 새로운 사실을 배우게 될 수도 있어요.

의미를 완전히 반대로 왜곡해 'B가 무조건 더 좋다'고 리딩하지도 않지만, 부정적인 요소들이 '나쁜 것'이라고 규정하지도 않는다. 조금 혼란스러워지더라도 리더는 상담자에게 정확히 알려주고 그가 스스로 판단하도록 지지해야 한다.

틀리고 싶지 않은, 정답만을 원하는 사람들에게 위와 같은 사고방식은 어떻게 도움이 될까?

이는 '성공만 좇는 사회', '실패와 경험을 인정하지 않는 부모'에게 일침을 가한다.

의존적인 태도란, '정답'을 좇는 태도이자, 어떠한 선택에 대해 자신이 결정을 내리는 것을 부담스러워 하는 태도이다. 결정이 부담스러운 이유는 향후 그 결정에 따른 '책임'을 지고 싶지 않기 때문이다. 더 단순하게는 힘들고 싶지 않고, 실패하고 싶지 않기 때문이다. 이처럼 '어떻게 해야만 한다.'라는 정답을 좇는 압박은 많은 부작용을 일으킨다. 실제 우리의 삶은 그렇게 '확실한 선택'이란 것이 존재하는 것처럼 단순하지 않으며, 사실 이때 정말 필요한 것은 자신의 선택과 결정을 '받아들이는 태도'이다. 그로인해 겪게 되는 모든 부정적인 일들까지 포함해서 말이다.

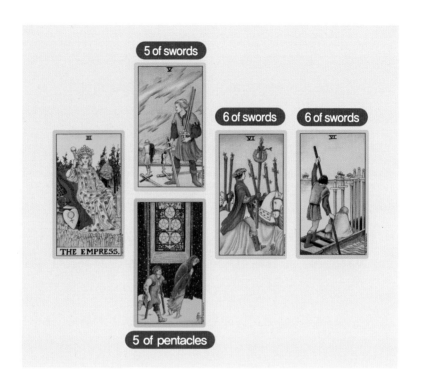

다시 상황 속으로 돌아 와보자.

상황 속 상담자는 첫째 딸에 대한 리딩에 앞서 자신의 '일'에 대한
리딩을 먼저 진행했다. 그녀는 자신이 좋은 엄마가 되길 원했다(the
empress). 또한 그러기 위해 부단히 노력하고 있었다(6 of wands).
그러나 현실과 마음이 항상 무언가로부터 쫓기고 있었으며(5 of
pentacle, 5 of swords), 불안한 상황을 벗어나게 해줄 새로운 무언
가를 항상 갈구했다(6 of swords). 그녀에게 현실은 만족스럽지 않

았다. 그녀는 삶에서 언제나 무엇인가를 '희생' 해야만 했다. 또 그래야만 한다고, 그것이 모두를 위한 방법이라고 굳게 '믿고' 있었다. 그리고 그 모든 것의 방향은 자신의 '아이들' 을 향해 있었다.

그녀는 자신의 딸을 정말 사랑하는 것 같았다. 그리고 그 사랑에 대한 그녀의 표현 방식은 '희생' 이었다. 그녀는 딸의 교육을 위해 교육환경이 더 좋은 동네로 이사를 다니고(이후 딸의 리딩 과정에서 알게 된 사실들이다), 결혼 전부터 지금까지 일을 하지 않았었지만 딸에게 더 좋은 지원을 해주기 위해 이제는 맞벌이를 시작했고, 틈틈이 절에 올라가 기도를 하고 있었다. 남들이 하는 만큼 해주기 위해 노력했고, 남들이 하는 좋아 보이는 방법은 다 쫓아가려 노력했다. 그러다 보니 교육열이 높은 곳으로 이사를 오게 됐는데 이곳은 소위 '잘 나가는' 부모들이 다 모여 있는 것이 아닌가. 그들의 틈에서 더욱 불안해진 그녀는 맞벌이를 시작하게 됐다.

하지만 그녀는 일을 좋아하지 않았다(5 of pentacle, 5 of swords). 어디까지나 아이들을 위한 노동일 뿐 이었다. 그녀는 대학을 진학하지 않아 전공도 없었다. 하고 싶은 일도, 자신을 위해 특별히 하고 싶은 것도 없었다. 긴 시간, 자신을 위한 것들은 내려놓고 살아왔다. 지금은 희미하게 잊혀져버린 어릴 적 반짝이던 꿈을 잠시 떠올릴 수 있었다. 하지만 그녀는 이제 아무것도 할 수 없다고 말했다. 자신을 위하는 모든 것을 인정하지 못했다. 자신의 꿈은 무엇이었는지 언제였는지 기억도 나지 않게 더욱 멀어져 갔다. '딸'은 자신 같은 삶을 살지 않기를, 그것만이 지금 그녀의 삶의 이유였다. 그녀는 시시때때로 기도하고 또 기도했다. 그녀는 오로지 아이의 꿈을 최대한 지원하기 위해 존재하는 사람 같았다.

나는 그녀를 이해하고 존경할 수 있었지만, 그녀의 '전략'이 마음에 와 닿지는 않았다. 혹, 그녀의 그러한 마음이 고귀하고 숭고한 부모의 희생이라 느껴지는가? 글쎄... 왜 '희생' 해야만 하는가? 아니, 왜 꼭 저런 방식의 희생이여야만 하는가? 더 좋은 길은 없을까?

이즈음에서 첫째 딸에 대한 리딩이 시작됐다.

상담자 | 아이가 발레를 배우고 싶어 해요. 근데 이게 또 은근히 비용이 많이 들어가더라고요. 아무래도 생활하기도 빠듯하니까... 아이가 원하면 시켜주긴 해야겠는데, 얘가 정말 잘 할지도 모르겠고요... 어떻게... 아이가 원하는 걸 해주는 것이 맞겠죠?

리더 | 네. 일단 먼저 아이가 무슨 생각을 하면서 살고 있는지 간단히 마음을 확인하고, 발레를 하면 잘 할 수 있을지를 보도록 할게요. 왼손으로 아이를 생각하시면서 세 장 뽑아보시겠어요?

리더 | 아이가 발레를 시켜달라고 당신에게 요구했다고요?

상담자 | 아니 뭐 꼭 하고 싶다고 조르고 그런 것은 아닌데, 하고 싶어 하더라고요. 지금은 취미 정도로 하고 있는데 재밌어 하기도 하고.

리더 | 아이가 엄마에게 그랬을 것 같지가 않아서요. 은근슬쩍이라면 모를까... 만약 확고하게 자기 의사표현을 했다면 그건 정말 여러 번 고민 끝에 말한 거예요.
 얘는 카드가 아이답지 않게 나왔어요. 무슨 애가 이렇게 심각한가요... 저는 애는 애 같아야 하고, 부모는 부모다워야 한다고 생각해요. 아이는 자기감정에 솔직해야 아이답죠. 떼도 쓰고, 무엇인가에 순수하게 빠져들기도 하고, 금방 실증내기도 하고, 좋고, 싫고, 달고, 쓰고, 웃고, 울고, 제가 생각하는 아이의 모습은 그렇습니다. 그런데 이 친구는 세상 심각해요. 걱정하고, 부담스럽고, 불안하고, 신중해요.

상담자 | 우리 애가 좀 성숙하기는 해요. 일찍 철이 들었죠.

리더 | 아아, 그렇죠. 하지만 제가 하려는 이야기는 그것과는 좀 다른 이야기입니다... 아이가 부담감이 상당해요. 실패를 너무 두려워하고 불안해합니다. 이렇다면 아이는 자신의 감정표현도 의사표현도 서툴 수밖에 없습니다.

첫째 딸의 리딩을 진행해 나가다보니 두 모녀사이를 관통하는 한 가지 감정을 발견해냈다. 이는 실패를 두려워하는 '불안' 이었다. 상담자의 아이는 '눈치' 를 보고 있었다. 세상의 눈치를, 부모의 눈치를. 그 자그마한 녀석은 한 가지 배움을 확실히 학습하고 벌써 자기 삶에 녹여 활용하고 있었다. 바로 '실패는 안 돼!' 라는 압박이다.

상담자는 어려서부터 늘 조용하고 평화롭길 원했다. 위험부담이 따르는 도전들은 일절 피해왔다. 그리고 그녀의 첫째 딸은 이제, 그녀의 '불안' 이 되어있었다. 혹시 눈치 채신 분이 있을까? 둘은 너무 닮아 있었다. 아직 어린 자식은 부모의 거울이 될 수밖에 없다.

이 상황 속의 상담자를 표현하기에 가장 적절한 한 가지 단어는 바로 '의존'이었다. 그녀의 의존은 부모로, 종교로, 남편으로, 그리고 이제는 자신의 딸로 옮겨 있었다. 그녀는 자기에게 바라던 모습을 딸에게 투사하고 있었다. 자기 자신을 믿지 못하는 그녀. 자기 자신이 불안한데 어떻게 딸을 믿을 수 있겠는가. 하물며 세상을 어찌 믿을 수 있을까.

아이러니하게도 모든 부모의 목표는 자식의 '자립'이다. 자식이 훌륭히 성장해 당차고 멋진 모습으로 삶을 살아가는 그런 모습을 떠올려보라. 표면상으로만 그렇게 살고 있는 모습이 아닌, 진정 자신의 삶을 받아들여 당당히 우뚝 선 모습 말이다. 자립이란 불안을 허용하고 받아들이는 태도이다. 진실은 이렇다. 상담자는 자신이 살고 싶었던 '당당한' 모습을 딸에게 강요하고 있었다. 두 사람은 같은 어려움을 '공유'하고 있었다.

이 상황 속에 등장하는 상담자는 과연 진정 자립했다고 말할 수 있을까? 혹시 어머니의 얼굴을 한 그녀의 마음 속 깊숙한 곳에 두려움에 떨고 있는 작은 소녀의 모습이 떠오르지는 않는가? 더 나은 어머니가 되기 위해 필요한 바를 물어보는 그녀를 위해 진심을 담아 이렇게 제안 할 수 있다.

리더 | 아이는 어머니를 보고 무언가를 배울 수밖에 없습니다. 당신은

아이에게 정말 좋은 교육을 해주고 싶으신 거잖아요? 아이에게 완벽을 요구하지도, 또 당신이 완벽한 모습만 보여주려고도 하지 마세요. 아이에게 부담이 될 수 있습니다. 당신도 완벽하지 못하다는 사실을 받아들이세요. 아이가 안심하고 넘어질 수 있도록 도와주세요. 어머니가 원하는 자식의 모습은 끝없이 도전하고 경험하는 강인한 아이잖아요. 그렇다면 당신이 먼저 그 모습을 보여주세요. 아이가 자신의 어머니를 통해 두려움이 아닌, 용기를 배울 수 있도록 말이죠.

상담자는 자신의 딸을 사랑하고 있었다. 또 사랑하는 만큼 걱정하고 있었다. 만약 여기에 약간의 문제가 존재한다면, 그것은 걱정의 방향이 '실패해선 안 되는' 불안이라는 것이다. 부모도, 자식도 진정한 자립을 이루려면 불안을 받아들여야만 한다. 이를 염두에 두며 첫째 딸의 마음을 살펴보는 단계의 리딩은 다음과 같이 진행됐다.

리더 | 부모의 마음은 그렇습니다. 우리 아이가 항상 웃고 행복하고, 다치지 않았으면 좋겠고, 상처받지 않았으면 좋겠죠. 좋은 것만 보고, 고생하지 않고, 힘들이지 않고, 좋은 사람만 만났으면 좋겠고요... 그런데 당신이 지금껏 살아보니 세상이 그렇던가요? 정말 그렇게만 살 수 있는 세상이던가요? 아마 아니었을 겁니다.

우리는 살아가다보면 넘어질 수밖에 없고, 길을 잘못 들 수도 있어요.

뭔가 틀릴 수도 있고, 뭔가를 남들만큼 잘 해내지 못할 수도 있어요... 하지만 중요한 것은 '그게 이상한 일이 아니잖아요.'

　제가 생각하는 최고의 자식 교육은 '지지' 입니다. 제아무리 비싼 교육보다도 훨씬 가치 있다고 믿습니다. 핵심은, 넘어지는 것이 나쁜 일이기 때문에 넘어지지 않는 법을 배우는 것이 아니라, 살다보면 당연히 넘어질 수 있다는 것과 그때 다시 일어나는 법을 배워야 합니다.

　당신부터 일어나세요! 당신의 삶을 누군가에게 위탁하지 마세요. 당신의 꿈을 누군가 대신 이뤄주길 바라지 마세요. 아무도 당신의 삶을 대신 짊어지고 싶어 하지 않습니다. 당신이 먼저 미지의 세계에 뛰어드세요. 당신이 계속해서 넘어지고 다시 일어서는 모습을 아이에게 보여주세요. 제가 아는 한 그 이상의 교육은 없습니다.

　상담자 ㅣ 저는 두려워요. 이제껏 그렇게 해본 적이 없어요. 뭘 해야 될지도 모르겠어요.

　리더 ㅣ 물론 쉽지는 않을 겁니다. 말씀하신대로 이제껏 그렇게 해보지 않으셨죠. 자, 당신의 딸도 그렇습니다. 똑같아요. 그 아이도 두렵습니다. 만약 당신이 딸을 정말 사랑하고 그 아이에게 정말 좋은 것을 전해 주고 싶으시다면, 역설적으로 당신이 먼저 행복을 찾아 나서야 합니다. 그 길을 걷는 것은 어렵지만 분명 할 수 있다는 걸 아이에게 보여주세요. 막막

하고 깜깜하고 두렵지만 그 길을 걸을 때에만 비로소 무언가가 분명히 나아진다는 사실을 알려주세요.

어렵게 생각할 필요 없습니다. 당신은 지금 느끼는 막막함과 같은 상황을 이미 겪어 보셨고 또한 극복한 적이 있습니다. 한번 떠올려 보세요.

아마 어릴 적의 한 기억이 될 겁니다. 아주 어린 당신은 처음으로 누군가의 도움 없이 혼자서 학교를 찾아갑니다. 길은 너무도 헷갈리고, 누구의 안내도 받을 수 없다는 생각에 더욱 외롭고 불안합니다. 하지만 한 걸음 한 걸음 걸어 나갈 때마다, 어떤 식으로든 당신은 학교에 가까워집니다. 당신이 할 수 있는 일은 오로지 한 걸음씩 길을 걷는 것뿐입니다. 이윽고 익숙한 길을 발견하고 그 길을 따라 당신은 처음으로 혼자서 학교에 도착합니다... 당신은 이미 수도 없이 그 같은 일들을 이루어 왔습니다. 수도 없이 길을 걷고, 또 길을 찾아왔습니다.

지금의 당신이 꿈을 좇는 모습은 아이의 정확히 같은 부분을 자극할 것이고, 당신이 자신의 삶을 소중하게 여기고 즐길 수 있을 때에도 역시 아이의 같은 부분이 활성화 될 것입니다. 놀랍게도 당신이 먼저 선행할 때 당신의 아이도 주저 없이 따라갈 거예요.

저는 문득 궁금해집니다. 당신은 딸에게 무엇을 바라나요? 딸이 어떻게 됐으면 좋겠어요?

상담자 | 그냥... 행복했으면 좋겠어요.

리더 | 좋습니다. 당신과 당신의 딸은 정말 닮은 것 같아요. 그렇다면... 궁금하네요. 당신의 딸은 당신에게 진정 무엇을 바랄까요?

마지막 상담자의 답변이 무엇이었을지는 여러분의 생각으로 남기겠다.

상황속의 그녀에게도 딸에게도 정말 힘든 건 이것이다. '삶을 받아들이는 태도'.

부모는 분명 자신의 아이를 '의존' 하는 아이로 키우고 있으면서, 강하고 당당한 아이가 되길 바란다면 뭔가 이상하지 않을까. 자신이 심은 건 콩인데, 어찌 팥을 바랄 수 있을까.

정말 자식을 위하는 행동은 뭘까? 오로지 희생적 노동으로 얻어낸 금전적 지원을 통해 '나는 마땅히 할 만큼 해줬다' 라고 자기만족(혹은 위로)할 것이 아니라, 아이가 정말 두려워하는 길, 그 어두운 길을 앞서, 혹은 함께 걸어 나가는 모습을 보여주는 것이 아닐까. 나는 이것이 부모가 할 수 있는 최고의 교육이라 생각한다. 때문에 내가 그리는 이상 속의 진정 자식을 위한 부모의 희생은 이런 모습이다.

이후에는 최초에 상담자가 원했었던 대로 첫째 아이가 '발레를 잘할지' 와 다른 범주의 리딩들에 대해 진행한 뒤 리딩을 최종 마무리했다. 내가 이 파트를 통해 전하고자 하는 메시지는 아이가 과연 발레로 성공할 수 있을지를 어떤 카드를 통해 알 수 있는가가 아니다. 때문에 어떤 식으로든 부디 당신의 마음속에 작은 울림이 있었기를 바란다.

리딩을 해나감에 있어 정말 유용한 팁을 한 가지 전하며 이 파트를 마치려 한다. 최면에는 트루이즘(truism)을 이용하는 페이싱&리딩 (pacing&leading)이라는 기법이 있다. 흔히 예스세트라는 이름으로 많이 알려진 기법인데, 상대방이 부인할 수 없는 사실에 대한 진술을 통해 상대방의 수용적인 사고를 유도하여 이후의 정보에 대해 더욱 쉽게 받아드리는 흐름을 만들어 내는 것이다. 이러한 흐름은 리딩의 질과 신뢰도를 향상시킨다.

'페이싱' 기법을 활용하기 위해 해당 기법에 대해 더욱 자세한 원리와 예시들을 공부하면 좋겠지만, 여기서는 '타로 리딩'의 장점을 살려 초심자도 쉽고 빠르게 프로처럼 리딩할 수 있는 유용한 방법을 간단히 소개하려 한다. 처음부터 너무 욕심내지 말고 여기서 소개하는 방법을 통해 페이싱의 효과를 체감하면서 천천히 더욱 발전시켜 나가면 되겠다.

이 방법은 바로 내가 '리딩-커넥션'이라고 이름 지은 기법으로, 이 기법은 '카드에 대한 설명을 단순히 나열하는 방식'으로 사용된다. 이는 크게 두 가지로 접근 할 수 있는데, 첫 번째는 만약 카드의 의미를 알고 있다면 그 의미를 중심으로 읽는 방법이고, 두 번째로 만약 카드의 의미를 모른다면 그저 느껴지는 대로 읽으면 된다. 이 때 염두에 두어야 할 부분이 두 가지가 있다. 첫째, 물론 단순히 그 냥 읽는 방식으로도 효과가 있긴 하지만 그것에 '의도'를 더할 때 효 과가 확실해 지는 편이다. 여기서 말하는 의도란 '리딩-커넥션'을 시작하는 단계에 있어 리더가 이미 상대에 대한 청사진 작업을 끝마 친 데에서 발생한다. 즉 단순히 카드를 읽는 것이 아니라, 직관을 통 해 이미 상대를 예측한 뒤, 카드를 읽는 행위에 상대방과 연결되는 메시지를 혼합하는 것이다.

둘째, 상대방의 반응을 잘 관찰하고 그 반응을 바르게 해석할 수 있 어야 좋다. '카드 읽기' 과정 중 상대방의 비언어적인 피드백을 통해 전략을 수정할 수 있어야 한다. 예를 들어 카드의 의미를 늘어놓고 있 는데 상대의 표정이 공감하지 못하는 표정이라면, 나의 의도를 보다 확실한 말로 전해 이해시키거나 혹은 상대의 표정을 통해 현재의 리 딩이 틀렸다는 확신이 든다면 유연하게 전략을 새로 구성해야한다.

즉 이 두 가지 염두에 두어야할 사항은 최소한 카드, 혹은 상대방 둘 중 하나와는 연결감을 확보한 채로 진행해야 좋다는 의미인데, 둘 다 연결감이 없는 상태라면 그 효과는 반감된다. 최악의 경우 리 더와 상담자가 의사소통이 제대로 이루어지지 않아 서로 전혀 이해할 수 없는 사태가 발생할 수도 있다.

다음은 본 파트에서 다뤄졌던 '아이의 현재 마음'에 대한 카드를 '리딩−커넥션' 기법으로 어떻게 리딩할 수 있는지 확인해본다.

이 리딩은 '아이의 현재 마음'에 대한 리딩이라는 것과, 카드에 대한 설명을 어머니의 입장에서 듣는다면 어떻게 느껴질지를 의식하며 다음의 리딩을 살펴보자.

리더 | '아이의 현재 마음'에 대해 알아보겠습니다.

10 of wands

리더 | 카드가 어떻게 보이시나요? 어떤 느낌이 들죠? 네 맞습니다. 뭔

가 힘들어 보입니다. 굳이 타로를 배우지 않아도 딱 보면 카드가 좋아 보이는지, 나빠 보이는지는 느낌이 오실 겁니다. 보시면 한 사람이 열 개의 나무를 짊어지고 어딘가로 가고 있어요.

타로카드에서 가장 많은 숫자가 10입니다. 즉 가장 많은 숫자를 짊어지고 있어요. 누군가 같이 들어주면 좋을 텐데, 이 사람(아이)은 혼자서 다 짊어지고 있습니다. 힘들면 좀 나눠서 들어도 좋을 텐데, 반드시 10개를 다 들어야만 하는 카드입니다. 여기서 10개의 '막대기'는 여러 가지 의미를 모두 상징하게 되는데, '일'이 될 수도, 혹은 친구, 가족 등 놓을 수 없이 짊어져야만 하는 여러 상황을 의미합니다. 카드 속의 사람(아이)을 바라보면 너무 무리하는 듯 버거워 보이며 부담스러움과 무거운 압박이 함께 느껴집니다.

2 of pentacles

리더 | 투 오브 펜타클은 두 개의 펜타클을 들고 있는 장면입니다. 이 펜타클은 보통 어떠한 '일'을 상징합니다. 그림 속의 사람은 아직은 그 일을 잘 해내고 있기는 합니다. 하지만 불안합니다. 그림 뒤쪽을 보시면 거친 파도위에 아슬아슬하게 떠 있는 배가 보입니다. 이러한 배는 불안한 마음과 상황을 상징합니다. 또한 투 오브 펜타클은 '양자택일'에 대한 대표적인 카드입니다. 더 자세하게는 양자택일의 고민과 같은 상황에서 '선택하지 못하고 있는 모습'을 뜻합니다. 이는 불안함에서 기반 합니다.

마치 '결정 장애' 와 같이, 무언가를 저울질 하지만 선택하지 못하는 모습입니다. 때문에 확고한 자신의 마음을 표현하기 힘들기도 합니다.

the moon

리더 | 카드를 한 번 보시겠어요? 보시면 개와 늑대가 달을 쳐다보고 있습니다. 지금이야 전기도 잘 들어오고 밤에도 밝지만, 이 카드는 아주 먼 옛날 그것도 깊은 숲 속이 배경입니다. 카드에서는 나름 밝게 표현이 됐지만 실제 그림 속 저 상황이라면 엄청나게 캄캄하겠죠. 유일한 빛이 하늘에 떠있는 달빛뿐입니다. 이 카드는 '앞이 깜깜하다' 는 의미를 갖습니다. 앞이 확실히 보이지 않기에 불안하고 두려운 느낌이죠. 거기다 카드의 아래쪽을 보면 연못에서 가재가 슬그머니 나오고 있습니다. 이러한 가재는 인지하지 못하고 있는 '위험' 을 상징합니다.

어떠한가. 재미있게도 '리딩-커넥션' 방법만으로도 꽤 그럴듯한 리딩이 가능하다. 어쩌면 당신은 이 글을 통해 상황(맥락)이 결과에 큰 영향을 끼친다는 것을 깨달았을지도 모른다.

세 카드에 대한 리딩 모두 리딩-커넥션 기법을 사용했지만 약간씩의 차이는 두었다. 10 of wands와 2 of pentacles에 대한 리딩은 모두 약간의 '의도' 를 갖추고 진행했는데, 전자는 조금 더 대화형식으로 후자는 비교적 딱딱한 방식으로 풀어보았다. 그리고 the moon카드의 경우 '의도'는 없지만 카드를 대화형식으로 부드럽게 풀어보았다. 각 리딩이 전해주는 느낌의 차이를 통해 자신만의 적합한 형태의 리딩-커넥션 기법을 도출해 내길 바란다.

여기서 소개한 '리딩-커넥션' 기법은 리딩 장면에서 정말 훌륭하게 쓰이는 화법이자 기법이지만 본질을 기억해야한다. 우리가 기술을 배우는 이유는 어떠한 과제를 잘 수행해내기 위함이다. 그 과제를 훌륭히 해내기 위해서는 그 과제를 바로 보고 집중하는 것이 본질을 흩트리지 않는다. 기술은 언제나 거들 뿐이다.

지금까지 몇 가지 사례를 통해 실전 리딩에 대한 대략적인 면모를 살펴보았다. 사례를 선정함에 있어, 직관적으로 질문 없이도 잘 맞히며, 신기하고 화려하게 풀어낸 사례들은 후보에서 제외하거나 수정했다. 막힘도 질문도 없이 한 번에 부드럽게 풀어내는 통변은 이 글을 읽는 독자들에게 그다지 도움이 되지 않기 때문이다. 이 글을 읽는 독자들에게 필요한 것은 이미 '완성된 화려한 요리'가 아닌, 그를 만들기 위해 필요한 재료와 조리법이라 믿는다. 개인적으로 그러한 '완성된' 통변 자료들은 필연적으로 어떤 면이 결핍될 수밖에 없다고 생각한다. 타로를 잘 해내고 싶은 사람들에게 필요한 정보는 이미 완성된 화려함을 뽐내는 정보가 아니라 '그것을 어떻게 해낼 수 있는가'에 대한 기반이 되는 정보이기 때문이다. 다시 말해, 이 책의 예시를 통해 드러낸 재료들에 대한 경험이 쌓이면 쌓일수록 당신의 요리는 더 화려해질 것이다. 아무리 화려하고 멋스럽게 꾸며진 건축물도 결국 주춧돌, 즉 돌멩이 하나로부터 시작할 수 있을 뿐이기 때문이다.

05

타로와 상담

리딩을 진행하며 매 순간 벌어지는 상황에 대해 모든 단서들이 인지될까? 다시 말해 이는 매 순간 '의식' 수준에서 생각이 정리될까? 라는 질문이다. 결론부터 말하자면 그렇지 않다. 실제 리딩 장면은 글로 보는 것보다 훨씬 더 빠르고 역동적이다. 나 역시 그 당시에는 '즉흥적'으로 행동했던 것들에 대해 시간이 지난 뒤 복기하듯 검토하는 과정에서 잠재의식이 받아들인 정보의 단서들을 찾을 수 있는 것이다. 리딩을 해야 하는 급박한 상황에서 '어? 저분은 시선이나 입 꼬리가 살짝 아랫방향으로 처졌고 목소리가 침울하며 걷는 속도나 동작이 매우 더디니 조금 소심한 성격이겠군!' 같은 인지 수준의 생각을 거치지 않는다. 직관은 훨씬 빠르고 민첩하게 작동한다. 인지 수준까지 올라오기도 하지만 대체로 준인지, 비인지 수준에서 작동한다. 상담자의 목에 걸려있는 십자가 목걸이를 분명 나는 '제대로' 보지 못한 것 같은데, 나도 모르게 '상담자는 기독교가 아닐까?' 라는 느낌이 슬그머니 올라온다. 우리가 일상의 대화에서 뭔가를 생각하며 대화하기도 하지만 대부분 바로바로 말이 오가는 것과 같다. 때문에 이를 위해 필요한 것이 훈련이다. 직관을 빠르고 정확하게 작동시키기 위해서이다.

공부나 연습이 아닌 직관을 발달시키는 '다른' 방법이 있다고 주장하는 분들이 있다. 이를테면 명상이나 기도 등 다양한 의식들 말이다. 결론부터 말하자면 이러한 의식들은 직관에 도움이 되는 것이 사실이다. 그러나 이는 능력을 증폭 시키는 것이 아닌, 이미 가지고 있는 능력을 더 잘 사용하게 하는 역할을 한다. 직관을 더 크게 키우기 위해 존재하는 다른 길은 없다. 그리고 반드시 잊지 말아야 할 것은, 이러한 의식 행위들은 어디까지나 집중력을 확보하는 신경 생리학적 상태이지 어떤 가상의 신비한 존재와 실제로 연결이 되는 것은 아니다. 다시 말해 효과는 있지만 영적인 것과는 무관하다.

마음을 다룸에 있어 영적인 접근도 종교도 모두 상당히 유효함을 인정한다. 쉽지 않은 심리치료 케이스가 종교를 통해 해결된 경우도 심심찮게 만날 수 있다. 종교도 영적인 믿음도 우리 삶의 어떤 부분에서는 분명 긍정적인 영향을 끼치고 있다. 때문에 종교계에 부정적인 평가가 만연함에도 나는 그를 인정하는 편이다. 그러나 나는 개인적인 믿음을 하나 가지고 있다. 바로 심리치료나 상담에 있어 종교나 영적인 내용은 철저히 배제되어야 한다는 믿음이다. 이는 앞선 챕터에서 언급한 바 있는데, 상담의 결과에 있어 또 다른 의존을 만들지 않아야 한다고 믿는다. 심리치료나 상담의 주된 목적은 문제를 겪는 내담자의 심리적 통합을 이끌어 내는 것이라 할 수 있다. 종교나 영적인 믿음은 그 통합을 자신들에게로 귀속시킨다. 하나의 문제를 해결한 대가로 내담자는 해당 체재에 의존하는 삶을 살게 될 확률이 높다. 이는 분명 쉽고 효과적인 방법일 수도 있다. 그러나 새로운 의존은 새로운 부작용을 동반할 가능성 또한 높다. 때문에 심리치료나 상담은 철저히 개인의 내면에서 통합이 이루어져야 한다고 본다. 이는 비교적 까다로운 방법일 수 있으나 상담사의 역할은 정확히 그곳에 있다고 믿는다.

타로를 처음 시작하던 나는 그 신비함에 도취됐었다. 나에게 더욱 무언가를 갈구하던 사람들의 얼굴표정, 지금 생각해보면 나에게 의존해 오는 사람들에게서 쾌락과도 같은 희열을 느꼈던 것 같다. 나에게 의존하던 누군가는 일주일에 다섯 번씩 나를 찾아오는 일도 있었다. 그러나 이내 회의감이 밀려왔다. 그들은 변하지 않았다. 힘들다며 나를 찾는데 그들은 시간이 지나도 계속 힘들어하는 사람이었다. 계속해서 같은 콩을 심고 같은 고통 속에 빠져 있었다. 나는 그들을 멈추게 하기 위해 시도했지만 결국 그렇게 하지 못했다. 나는 그들에게 아무런 도움이 되지 않았다는 걸 깨달았다. 그들이 내게 원하는 건 단지 자신의 감정을 받아 줄 역할일 뿐, 나는 스스로에게 처음 느꼈던 것처럼 대단한 사람이 아니었다. 그들이 행복한 인생을 살길 바랐다. 나를 찾는 이들이 자신을 위한 무언가를 얻어가길 원했다. 나는 그를 이루기 위해 노력했다.

몇 년이 지난 지금의 나는 예전처럼 회의감이 드는 타로를 보지 않기 위해 노력한다. 타로라고 말하기도, 상담이라 말하기도 어색한 리딩을 할 때가 많다. 그러나 그런 리딩을 할 때 나는 가장 만족한다. 리딩에 있어 이제 '맞히기 게임'은 더 이상 나의 관심사가 아니다(맞히지 못한다는 의미가 아니다). 나는 나를 찾는 이가 더 나은 삶을 살도록 돕기 위한 '게임'을 한다. 결론적으로 나는 아직도 대단한 사람은 아니지만 나의 게임은 이전과 달리 나를 행복하게 한다.

몇 사람의 얼굴이 떠오르지만 그중 가장 최근에 만났던 상담자의 이야기를 하고 싶다. 그 분은 60대로 보이는 여성으로 남편과 자녀, 손주까지 둔 분이었다. 나를 찾은 이유는 간단했다. 가게를 운영하고 있는데 가게를 지금 내놔야 할까, 말아야 할까를 고민 중이었다.

집안 사정이 꽤나 부유함에도 불구하고 상담자는 벌써 몇 십 년째 쉬지 않고 일을 해온 상황이었다. 건강은 계속해서 안 좋아지는데 일은 놓지 못하는 상황. 사업을 운영하는 입장임에도 아직까지 새벽부터 노동을 하고 계셨다.

"만약 가게가 팔리면 이제 일은 그만 두시나요?" 라는 나의 질문에 상담자는 "아뇨, 바로 또 해야죠." 라고 답했다. 그녀가 일을 그만 두지 못하는 이유는 손주들에게 뭐라도 사주고 도움을 주기 위함이라 답했다. 그녀의 가족들 모두 그녀에게 일을 그만하라고 권유하지만 그녀는 그럴 수 없다고 이야기 했다.

이야기는 상담자의 어린 시절까지 흘러갔는데, 공부가 하고 싶던 상담자는 집안 사정상 학업을 중단하고 어린 나이부터 일찍 공장에서 일을 시작했다. 오빠와 남동생이 배움의 길을 걸을 수 있게 희생했고 그때부터 이제까지 그녀는 쉬지 않고 일 해왔다. 그러는 동안 결혼도 하고 손주까지 얻었지만 그녀의 희생적인 삶은 달라지지 않았다. 그 분의 삶에 이입이 됐다. 하고 싶은 것을 포기해야만 하고 희생을 강요당한 삶. 가족을 위해 쉬지 않고 일해야만 한다는 신념이 생긴 이유. 그것들에 공감할 수 있었다. 때문에 이제는 그녀가 더 행복한 삶을 선택하도록 권유하기위해 개입하기로 마음먹었다. 이대로는 상담자도 그녀의 가족들도 모두 풀리지 않는 하나의 문제 속에 갇혀 살 것이 뻔했다. "언제쯤이면 다 내려놓고 편히 쉬실 수 있겠어요?"라고 묻고 싶었다. 하지만 그럴 수 없었다. 더 효과적인 방법이 필요했다.

　나는 그녀가 어린 시절의 자신을 떠올리게 했다. 그리고 어린 자신을 바라보게 했다. 어린 상담자는 초췌하고 피곤해 보였다. 항상 쫓기는 듯 삶을 사는 어린 자신의 모습은 상담자의 마음을 아프게 했다. 나는 물었다. "어린 당신을 보니 마음이 어떤가요?" 상담자는 대답했다. "좀 쉬었으면 좋겠어요.. 너무 안 돼 보여요." 거기서 멈추지 않고 나는 그녀의 자식들을 떠올리게 했다. "당신이 당신의 딸, 손녀가 돼서 지금의 당신을 바라본다면.. 어떤 마음이 들죠?" 그녀는 대답 대신 나지막이 혼잣말을 했다. "아.. 그래서 그랬구나.." 그녀는 눈물을 흘리기 시작했다.

　자식의 마음을 헤아려본 그녀는 많은 것을 느꼈다. 사랑하는 어머니의 건강이 좋지 않아 일을 그만두길 간절히 바라는 자식들의 마음은 그녀의 마음을 너무 아프게 했다. 의도하지 않았지만 자신이 사랑하는 자식들을 슬프고 걱정하도록 만들고 있다는 사실을 깨달았다. 이제야 비로소 굳이 돈을 좇지 않아도 괜찮은 자신의 상황들이 눈에 들어왔다. 자식들을 위한 행동이 오히려 자식들에게 염려를 끼치고 있었다는 사실을, 그녀는 이제 더 이상 자기 스스로를 부추기지 않아도 괜찮다는 사실을 알았다.

상담자는 가게를 정리하고 일을 그만 두기로 결정했다. 그녀가 가장 원하는 건 '가족의 행복'이었는데 '진정' 그를 위한 방법으로 가족들과 더 많은 시간을 보내기로 결정했다. 불과 한 시간 남짓한 시간으로 몇 십 년간 자신을 괴롭혀온 무언가로부터 자유로워 질 수 있었다. 상담자는 눈물을 흘리며 내게 몇 번이고 감사하다는 말을 전했다. 나는 이게 내 '일'이기에 오히려 내가 감사하다고 말했다. 이 같은 상황들이 내가 하는 '일'을 행복하다고 느끼게 한다.

정통 타로 리딩이라 말하기는 분명 민망하다. 처음 가게에 대한 질문에 몇 번 뽑은 걸 제외하면 이후로 타로의 역할은 없었다. 이런 상담에 대해 타로를 잘 봤다고 말할 순 없지만 나는 만족한다. 타로 따위 아무려면 어떠하랴. 일반적인 타로를 뛰어 넘는 무언가를 했음에, 또 시도할 수 있었음에 감사한다. 비단 타로 뿐 만이 아니다. 여러분이 어디서 무슨 일을 하든 상관없다. 당신이 하고 있는 그 일을 뛰어 넘는 일을 할 수 있길 바란다. 나는 지금까지 이 책을 통해 같은 이야기를 해 왔다. 때문에 이미 당신은 방법을 알고 있다. 당신은 할 수 있다.

지금까지 몇 가지 사례를 통해 실전 리딩에 대한
대략적인 면모를 살펴보았다.

사례를 선정함에 있어, 직관적으로 질문 없이도 잘 맞히며, 신기하고 화려하게 풀어낸
사례들은 후보에서 제외하거나 수정했다. 막힘도 질문도 없이 한 번에 부드럽게 풀어
내는 통변은 이 글을 읽는 독자들에게 그다지 도움이 되지 않기 때문이다. 이 글을 읽
는 독자들에게 필요한 것은 이미 '완성된 화려한 요리'가 아닌, 그를 만들기 위해 필요
한 재료와 조리법이라 믿는다. 예시를 통해 드러낸 재료들에 대한 경험이 쌓이면 쌓일
수록 당신의 요리는 더 화려해질 것이다. 아무리 화려하고 멋스럽게 꾸며진 건축물도
결국 주춧돌, 즉 돌멩이 하나로부터 시작할 수 있을 뿐이기 때문이다.

"당신이 원하는 자리로 안내해줄 패턴들을 찾아서"

처음으로 출판을 위한 본격적인 서적 작업을 하면서 개인적인 능력의 한계를 많이 느꼈다. 때문에 어렵지 않게 곳곳에서 부족하고 민망한 흔적들을 발견할 수 있다. 그럼에도 불구하고 부족한 이 책을 선택해준 모두에게 정말 감사한 마음을 전하고 싶다.

나는 책은 쉬워야 한다고 생각한다. 때문에 쉽게, 또 정말 쉽게 쓰기 위해 노력했다. 하지만 당신에게 정말 쉽게 전해졌는지는 알 수 없다. 모든 부족한 부분은 나의 과욕에서 비롯됐을 것이다. 어렵고 불편한 부분이 있었다면 부디 너그러운 마음으로 이해해주길 바란다.

이 책은 크게는 교육, 정치, 사회, 경제, 종교 등에서부터 작게는 개개인의 대화까지, 이 세상과 유기적인 작용을 하고 있는 한 가지 요소에 대한 고찰이자 도전이다. '정보'에 대한 긴 이야기를 꺼냄에 있어 '타로'는 적절한 조건을 갖춘 메타포였다.

'비욘드 타로 텔링'은 내가 진행한 동명의 강의로써 지면을 통해 강의에서는 전할 수 없었던 깊이 있는 내용들을 세세히 다뤘다. '비욘드 타로 텔링' 강의는 원 데이 클래스로 약 7시간정도로 그 모든 과정이 끝난다. 강의 후반쯤 되면, 수강생 본인들은 눈치 채지 못하지만 정말 수준급의 리딩을 해내는 이들도 많다. 강사인 나조차도 내심 놀랄만한 신선한 리딩도 있었는데 정작 본인들은 자신이 얼마나 대단한 걸 해냈는지 모른다는 것이 아쉽다. 내 강의를 찾는 수강생들은 대다수가 타로에 문외한이다. 그럼에도 불구하고 고작 7시간 교육으로 타로를 리딩 할 수 있게 되는 것은 잡다한 정보의 거품은 걷어내고 직관에 초점을 맞춘 커리큘럼으로써 가능하다. 타로는 이렇게 쉽게 배울 수 있다.

그렇다면 다른 분야는 어떨까?

얼마 전 유튜브에서 한 영상을 봤다. 한 유튜버가 우연한 기회로 카드게임 모임에 참석하게 됐는데, 자신을 제외한 나머지 회원의 카드실력이 뛰어나 계속 지는 게임을 할 수 밖에 없었다고 한다. 자존심이 상한 그는 카드게임 관련 서적 한권을 일주일 동안 반복해서 분석한다. 그 이후 카드 문외한이었던 그는 적어도 5년 이상 경력을 가진 회원들 사이에서 항상 이기는 게임만을 하게 된다. 5년의 세월을 일주일로 뒤집어버린 사례다.

나에게 이런 이야기는 신기하기보다 친숙하게 다가온다. 왜냐하면 오랜 세월을 단시간에 뒤집는 현상을 매 강의 때마다 경험하기 때문이다. 유튜브의 수많은 자기계발 영상들, 인기 있는 자기계발 서적들. 사실 이들이 말하는 것은 모두 같은 방향이다. 우리가 흔히 '노하우'라고 부르는 '효과적인 휴리스틱 패턴'에 대한 추천이다. 그들은 단기간에 엄청난 효과를 내는 다양한 공식들을 소개한다.

당장 유튜브에 들어가서 확인해 보라. 누군가는 지질한 인생에서 10년 만에 연봉 10억이 됐다고 말하고, 또 다른 누군가는 한 달 만에

20kg을 빼는 법을 발견했다고 이야기하며, 또 누군가는 1년 만에 영어를 마스터한 경험을 이야기 한다.

정말 많은 사람들이 짧은 기간 동안 극적인 효과를 본 자신의 패턴을 뽐낸다. 당신도 할 수 있다며 소리친다. 당신은 어떤가. 시도할 준비가 됐는가? 물론 쉽지는 않을 것이다. 어쩌면 아무나 할 수 없는 일일지도 모른다. 그러나 당신이라고 그렇게 되지 말란 법은 없다.

당신은 모르겠지만 당신 역시 효과적인 노하우들을 소유하고 있다. 만약 당신의 삶이 마냥 힘들다면, 당신 안의 그것들을 아직 발견하지 못했을 뿐이다. 당신안의 그것들을 발견하라.
결국 다시 직관이다. 직관을 시험하라. 직관을 성장시켜라. 당신을, 당신이 원하는 자리로 안내해줄 패턴들을 찾아내고 당신의 것으로 만들어라.

상대방과의 소통만큼 나 자신과의 소통도 중요하다.

나는 이 책을 통해 지금까지 '직관'을 강조해왔다. 그런데 보통 직관이라는 개념은 '추론'과 연결 짓지 않는 편이다. 하지만 직관은 추론과 함께 할 때 더욱 효과적인 시너지를 얻을 수 있다. 직관은 그 이후 판단, 추리, 연산과 같은 활동이 함께 작용할 때 더욱 완성형이 된다.